SAP® R/3® – Der schnelle Einstieg

Michael Ullrich

SAP® R/3® –
Der schnelle Einstieg
Herausgegeben von der CIMAP Consulting GmbH

 ADDISON-WESLEY

An imprint of Pearson Education

München • Boston • San Francisco • Harlow, England
Don Mills, Ontario • Sydney • Mexico City
Madrid • Amsterdam

Die Deutsche Bibliothek – CIP Einheitsaufnahme
Ein Titelsatz für diese Publikation ist
bei der Deutschen Biblothek erhältlich.

© 2000 Addison Wesley Verlag
ein Imprint der Pearson Education Deutschland GmbH
Martin-Kollar-Straße 10-12, 81829 München/Germany

10 9 8 7 6 5 4 3 2
03 02 01 00
ISBN 3-8273-1646-4

Lektorat Christian Schneider, cschneider@pearson.de
Produktion Anja Zygalakis, azygalakis@pearson.de
Korrektorat Petra Heubach-Erdmann, Düsseldorf
Satz reemers publishing services gmbh, Krefeld
Druck/Bindung Kösel, Kempten (www.KoeselBuch.de)
Umschlaggestaltung Barbara Thoben, Köln

Inhalt

Inhalt

Vorwort

Mit diesem Buch wollen wir für die Leser einen neuen und raschen Zu- **Rascher Zugang**
gang zur betriebswirtschaflichen Standardsoftware SAP R/3 schaffen.
Sie, geehrte Leserin und geehrter Leser, gehören zu unserer Zielgruppe,
wenn Sie sich irgendwo im Spektrum zwischen interessiertem Einsteiger
und erfahrenem R/3-Anwender sehen. Wenn Sie vielleicht einfach Ihre
Kenntnisse aktuell auffrischen und verstärken wollen oder zunächst einmal aus ganz allgemeinem Interesse heraus sich mit der Erfolgsgeschichte der SAP und ihrem Erfolgsprodukt SAP R/3 befassen wollen,
dann sind Sie bei uns »Gold«-richtig.

Zu diesem Buch »SAP R/3 Der leichte Einstieg«

Dieses Buch ist modular aufgebaut. Sie können es Schritt für Schritt **Schritt für Schritt**
durcharbeiten oder sich je nach Interessenslage, Lust und Laune, ein-
zelne Abschnitte zu Gemüte führen.

Im ersten Kapitel: »Was oder wer ist SAP? – Einige Fakten« informieren **Starten Sie durch**
wir Sie aktuell über die Erfolgsgeschichte der SAP, deren neue Produkte
und strategischen Initiativen. Dann geht's los mit dem Einstieg in SAP
R/3.

Autoren und Autorenteam

Ein Team weiß mehr. Diesen Grundsatz leben wir nicht nur in unserer **Teamarbeit**
Beratungstätigkeit, sondern beherzigten ihn auch bei der Planung und
beim Schreiben dieses Buches. Wir, das sind Friedrich Kokot und Regine
Möhrlen als Geschäftsführer der CIMAP Consulting GmbH, mit unserer
– man kann zu Recht sagen: jahrzehntelangen – Erfahrung in betriebswirtschaftlichen Projekten mit SAP R/2 und SAP R/3. Wir bedanken uns

bei Michael Ullrich sowie bei Frederick Kokot, Helene Ginsheimer und Martin Weiß für die wertvolle Mitarbeit bei der Erstellung der Beiträge für »SAP R/3 Der leichte Einstieg«.

Ihr Feedback, Ihre Fragen und unsere Antworten

Feedback gewünscht! Wir bitten unsere Leser, sich mit uns zu den besprochenen Themen auszutauschen. Gerne antworten wir auf Ihre Fragen und geben Ihnen – so hoffen wir – nützliche Tipps und Hinweise. Sie erreichen uns postalisch unter CIMAP Consulting GmbH, Schützenstraße 11, 70182 Stuttgart. Unsere Homepage heißt **http://www.cimap.de**, Ihre E-Mails adressieren Sie bitte an **info@cimap.de** oder **kokot@cimap.de** oder **moehrlen@cimap.de**.

Stuttgart, im Mai 2000

CIMAP Consulting GmbH, Unternehmensberatung
Regine Möhrlen und Friedrich Kokot

Kapitel 1

Was oder wer ist »SAP«?

Wir wollen uns zu Beginn unseres R/3-Einstiegs ganz allgemein mit dem Unternehmen SAP, seinen Produkten und seinen Erfolgen befassen. Wir stellen Ihnen die SAP AG vor, kurz und prägnant – auch ihre Geschichte und Entwicklung – und werden mit Ihnen gemeinsam die Frage beantworten: Was bedeutet »die SAP« konkret im Alltag für Sie bzw. was könnte die SAP für Sie in naher Zukunft bedeuten?

Fakten und Geschichte

1.1 Wer ist die SAP AG? – Einige Fakten

Die SAP AG ist eine globale Erfolgsgeschichte aus Deutschland. Sie ist der viertgrößte unabhängige Software-Anbieter der Welt, der Marktführer bei Lizenzen für betriebswirtschaftliche Anwendungssoftware, ein wichtiger Arbeitgeber für mehr als 22.000 Mitarbeiter, usw., usw. Zuerst einige Zahlen, diese Bewertung bestätigen, und anschließend die Meilensteine der SAP-Unternehmensgeschichte.

Marktführerschaft

Fakten und Zahlen

Zahlen sprechen mehr als viele Worte, daher eine Auswahl der Zahlen per Jahresende 1999:

Kennzahl	Beschreibung
Umsatz der SAP AG	5,11 Milliarden Euro
Anzahl Kunden	Über 12.500 in über 110 Ländern
Anzahl R/3-Installationen	Ca. 25.000

Kennzahl	Beschreibung
Anzahl SAP-Mitarbeiter, davon Software-Entwickler	Über 21.700 5.400
Eigenkapitalquote	53
Anzahl Anwender	Mehr als 10 Millionen
Anzahl Sprachen	28 inkl. Japanisch
Anzahl Branchenlösungen	19
Erwarteter Gewinn (vorläufige Zahlen)	Net Profit: 602 Millionen EURO
Earnings per Share	5,76 EURO

Tabelle 1.1 Kennzahlen zur SAP AG, Anfang 2000

Homepage der SAP AG

Es gäbe ja noch viele interessante Kennzahlen; falls Sie Interesse haben, suchen Sie doch die Homepage der SAP AG auf: **www.sap-ag.de**. Eine Zahl erscheint uns noch wichtig: die SAP AG erwartet, dass in absehbarer Zeit mehr als 100 Millionen Anwender durch SAP-Produkte im Tagesgeschäft unterstützt werden.

Meilensteine der SAP-Firmengeschichte

Meilensteine

Schauen wir uns die Meilensteine der SAP-Firmengeschichte aus der Sicht ihrer Produkte an:

- 1972: SAP wird gegründet

- 1992: Die ersten R/3-Lösungen werden vorgestellt und ausgeliefert

- 1993: Über 1.900 R/3-Installationen

- 1996: Business Framework ist da

- 1996: Das R/3 Release 3.1 wird Internet-fähig

- 1996: Die ersten Branchenlösungen werden entwickelt, Einführungswerkzeuge und -methoden wie ASAP – steht für AcceleratedSAP© – werden bereitgestellt

- 1997: Die ersten SAP New Dimension Produkte werden vorgestellt

- 1998: Mit EnjoySAP© werden Oberfläche und Handling neu gestaltet, damit wird die Software wesentlich benutzerfreundlicher, leichter erlernbar und im Layout leichter anzupassen. Das Schlagwort, der zutreffende Begriff hier ist »Usability«

- 1999: SAP stellt mit mySAP.com eine umfassende Internetstrategie und Internetanwendung vor

- 1999: Über 24.000 R/3-Installationen

Ausgestattet mit diesen Hintergrundinformationen können wir uns nun mit den neuen Technologien und Produkten der SAP AG befassen und diese richtig einordnen. Für alle diese Produkte – von den SAP R/3-Anwendungen, den Branchenlösungen, dem SAP Business Warehouse bis zum SAP Strategic Enterprise Management – bilden die Client-Server-Architektur, das SAP Business Technologiekonzept und damit insgesamt das Business Framework die Grundlage.

1.2 Client-Server-Architektur

Eine Client-Server-Architektur beschreibt eine dezentral orientierte Rechnerarchitektur. Interessant ist dabei, dass die erforderlichen Aufgaben und Dienste auf mehrere Rechner (Server) verteilt werden. Die informationstechnologische Infrastruktur wird also in Teilkomponenten zerlegt. Jede Teilkomponente hat definierte Aufgaben. So entsteht ein verteilter EDV-Betrieb. **Mehrere Rechner**

Stufenprinzip

Aus der Verteilung der Aufgaben in einer Client-Server-Architektur ergibt sich eine stufenartige Anordnung der Hardware- und Software-Komponenten. Man spricht hier vom Stufenprinzip. Es gibt drei Stufen, beziehungsweise Dienste. Tabelle 1.2 beschreibt für Sie die Grundbegriffe und gibt eine kurze Definition, wie so ein Stufenprinzip für SAP R/3 grundsätzlich aussieht: **Drei Stufen**

Schicht/Dienst	Beschreibung
Datenbankdienst	Je R/3-System gibt es einen Server für die Datenbank.
Anwendungsdienst	Die eigentliche Anwendungssoftware befindet sich auf einem oder mehreren Servern.
Präsentationsdienst	Als Anwender arbeiten Sie an einem »Frontend«. Der Präsentationsdienst stellt die Schnittstelle zwischen Ihrem Frontend und dem R/3-System dar.

Tabelle 1.2 Dienste in einer R/3-Architektur

Clients und Server

Die Teilkomponenten, die innerhalb der Client-Server-Architektur verwendet werden, heißen, je nach Aufgabe, »Clients« und »Server«. Ein Element, das für andere Schichten Aufgaben übernimmt, wird als »Server« bezeichnet. Elemente, die diese Dienste in Anspruch nehmen, werden als »Clients« bezeichnet.

1.3 Business Framework

Seit 1996   Das Business Framework definiert und ist die strategische Architektur der SAP AG. Es umfasst Technologien der SAP AG wie auch von Drittanbietern. Das Business Framework wurde im Jahr 1996 am Markt vorgestellt und erstmalig an Kunden ausgeliefert. Auf dieser Architektur aufbauend hat die SAP AG das Internet-Business Framework realisiert. Es ist für das Geschäft im Internet und beinhaltet neue Technologien auf allen Architekturebenen.

Business Framework

Bausteine   Die wesentlichen Technologien beziehungsweise Bausteine des Business Framework sind:

- Business Components
- Business Application Programming Interfaces (BAPIs)
- Application Link Enabling (ALE)
- SAP Business Workflow

Business Components   Eine Business-Komponente ist ein Business-Objekt mit den zugehörigen Methoden und den entsprechenden Zugriffsmöglichkeiten. Beispiele für Komponenten im weiteren Sinne sind die R/3-Module, aber auch »Module«, die von Drittanbietern entwickelt und in einer integrierten Anwendung mit den R/3-Standardmodulen gemeinsam funktionieren. Die Komponenten tauschen untereinander Daten aus und ergänzen sich betriebswirtschaftlich.

BAPI und ALE   Technisch werden hierzu die Bausteine BAPI und ALE verwendet. Der SAP Business Workflow ergänzt das Szenario und unterstützt die Abwicklung und Darstellung von Geschäftsprozessen mit R/3.

Internet-Business Framework

Kommunikation im Internet   Das Internet-Business Framework baut auf der Business Framework Architektur auf und erweitert diese um entsprechende Integrations- und Kommunikationstechnologien auf allen Architekturebenen. Vereinfacht gesagt besteht das Internet-Business Framework aus:

- mySAP.com Workplace als »single point of access«
- WebFlow
- WebMessages. Beinhaltet auch einen Secure Messaging Mechanism. Der SAP Business Connector nutzt HTTP (Hypertext Transfer Protocol), um XML-basierte Dokumente im Internet auszutauschen. Des Weiteren sind sämtliche SAP Nachrichtenformate inkl. BAPIs zu nennen.

Die SAP AG ist Mitglied in einer Reihe von internationalen Organisatio- **Standardisierung**
nen für Standards und Standardisierungen. Beispiele für diese Organisa-
tionen sind BizTalk, e-speak, OAG, XML.ORG und W3C.

1.4 SAP New Dimension-Produkte

Unter dieser Bezeichnung vereinte die SAP AG einige ihrer strategischen **Strategische**
Produkte und Initiativen, und zwar jene Produkte, die für den weiteren **Produkte**
Erfolg der SAP AG – über die R/3-Anwendungen hinaus – mitverant-
wortlich sind und weiter sein werden. Wir stellen Ihnen nun folgende
SAP New Dimension-Produkte kurz vor:

- SAP Business Information Warehouse (SAP BW)

- SAP Knowledge Management

- SAP Strategic Enterprise Management (SAP SEM)

- SAP Corporate Finance Management (SAP CFM)

- SAP Supply Chain Management (SAP SCM)

SAP Business Information Warehouse (SAP BW)

Die SAP AG positioniert ihr Business Information Warehouse als unter- **Informations-**
nehmensweite, strategische Informationsdrehscheibe und als Data **drehscheibe**
Warehouse mit sofort einsatzbereiten Reporting- und Analyseverfah-
ren. Sofort einsatzbereit auch deswegen, weil betriebswirtschaftliche
Objekte, Modelle und Kennzahlen aus den operativen SAP-Anwendungen quasi »automatisch« bereitgestellt werden, auch aus einer branchenspezifischen Sicht.

Damit können Sie den Einführungsaufwand für Ihr funktionales Data **Schlanke**
Warehouse wesentlich reduzieren und Ihrem Anwender einen Sofort- **Einführung**
nutzen anbieten. Im Kapitel 12.4 finden Sie weitere Informationen zu
diesem wichtigen Thema.

SAP Knowledge Management

SAP Knowledge Management ist eine von drei SAP-Initiativen, mit **Business**
denen das Ziel »Business Intelligence« erreicht werden soll. Die beiden **Intelligence**
anderen Initiativen sind:

- das SAP Business Information Warehouse

- das SAP Strategic Enterprise Management

Der Eckpfeiler des SAP Knowledge Management ist das SAP Knowledge Warehouse, bestehend aus den Komponenten:

- R/3-System

- Server und

- Workstation

Die Architektur des SAP Knowledge Warehouse kann um weitere Komponenten ergänzt werden, wie beispielsweise das IDES Training System, Kursangebote, Dokumente oder CBTs (Computerbasiertes Training).

Abbildung 1.1
Knowledge Warehouse
Architektur
© SAP AG

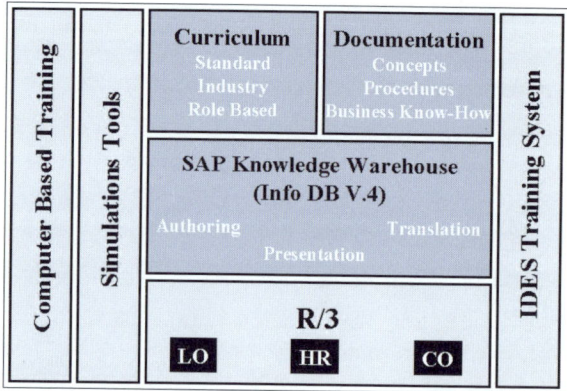

Effektiver Einsatz   Gerade in der Verbindung beziehungsweise durch die Integration mit der R/3-Personalwirtschaft (HR), kann die Effektivität des SAP Knowledge Warehouse wesentlich erweitert und optimiert werden. Beispielhaft nennen wir die Qualifikationen, Trainings- und Mitarbeiterentwicklungspläne.

SAP Strategic Enterprise Management (SAP SEM)

SAP Strategic Enterprise Management, kurz SAP SEM, ist ein eigenständiges Produkt und kann unabhängig von SAP R/3 eingesetzt werden. Dabei ist offensichtlich, dass vorhandene R/3-Anwendungen – SAP R/3 hier als ERP(Enterprise Resource Planning)-System verstanden – die Datenbereitstellung für SAP SEM übernehmen. Bei SAP SEM stehen die strategischen Managementprozesse des Unternehmens im Mittelpunkt. SAP SEM unterstützt die Aufgaben der strategischen Unternehmensführung.

SAP SEM
Komponenten   SAP SEM basiert auf der Business Framework Architektur und besteht aus den folgenden Komponenten:

- Business Planning and Simulation (SEM-BPS)

- Corporate Performance Monitor (SEM-CPM)

- Business Consolidation (SEM-BCS)

- Business Information Collection (SEM-BIC)

- Stakeholder Relationship Management (SEM-SRM)

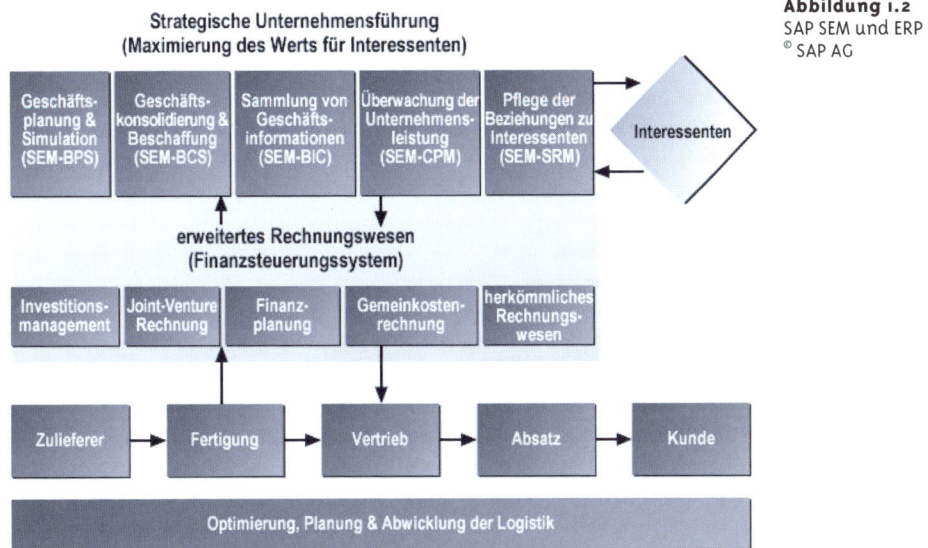

Abbildung 1.2
SAP SEM und ERP
© SAP AG

Mit SAP SEM können Sie in Ihrem Unternehmen die Einführung und Anwendung strategischer Managementkonzepte sehr effektiv unterstützen. Hier einige der bekannten Konzepte:

Management-konzepte

- Wertorientiertes Management (Shareholder-Value-Konzepte, Value-Based Management)

- Balanced Scorecard

- Portfolio Management

- Target Costing

SAP SEM ist also eine analytische Anwendung, die Funktionen des SAP Business Information Warehouse (SAP BW) sind in SAP SEM enthalten. Es werden drei mögliche Einsatzszenarien unterschieden:

Analytische Anwendung

- SAP SEM als Stand-alone-Anwendung

- SAP SEM als SAP BW-Anwendung (Daten für SAP SEM werden im SAP BW geführt)

- SAP SEM als Data Mart

Verschiedene Szenarien Die Nutzung der SAP BW Technologien in SAP SEM – im Kontext der angeführten SAP SEM Einsatzszenarien – ermöglicht es Ihnen, die Integration komplexer Anwendungslandschaften voranzutreiben.

SAP Corporate Finance Management (SAP CFM)

SAP CFM Komponenten SAP Corporate Finance Management, kurz CFM, steht für eine neue Initiative der SAP für das Management der Finanzressourcen und der Analyse der Geschäftsprozesse im Finanzbereich. Die einzelnen Komponenten sind:

- Liquidity Planer

- in-House Cash

- Transaction Manager

- Portfolio Analyser

- Market Risk Analyser

- Credit Risk Analyser

SAP CFM und SAP SEM Schon aus der Aufzählung der Komponenten, besser der Aufgaben des CFM, sehen Sie die Notwendigkeit eines Zusammenwirkens mit dem SAP Strategic Enterprise Management, um eine umfassende und integrierte Lösung sicherzustellen.

Zielsetzung Welche Ziele verfolgen Sie mit CFM? Die Antwort ist eindeutig: Unterstützung sämtlicher Finanzaufgaben – im weitesten Sinne und auch im anglo-amerikanischen Verständnis – im Unternehmen (Corporate Finance). Mögliche Ziele und Aufgaben:

- Unterstützung bei der Einführung Wert-basierter Unternehmensstrategien

- Risikomanagement (z.B. Kreditrisiken, Marktrisiken)

- Beitrag zur Schaffung und Steigerung des Wachstumspotenzials

SAP Supply Chain Management (SAP SCM)

Paket für die Logistik Das SAP Supply Chain Management (SCM) wird als Paket für die Logistikkette verstanden. Es bietet die Werkzeuge für eine Echtzeitplanung und Entscheidungsunterstützung in der Logistik. SAP SCM umfasst folgende Anwendungen:

- SAP Advanced Planner and Optimizer (SAP APO)

- SAP Logistik Execution System (SAP LES)

- SAP Business Information Warehouse (SAP BW)

SAP APO basiert auf einer Engpass-orientierten (constrainbasiert) Planungs- und Optimierungsphilosophie. SAP APO ist Internet-fähig und kann unternehmensübergreifend eingesetzt werden. Es besteht aus den Funktionsbereichen: **SAP APO**

- Supply Chain Cockpit
- Globale Verfügbarkeitsplanung
- Absatzplanung
- Supply Network Planning & Deployment
- Produktionsplanung
- Feinplanung und

als neue Funktion die

- kollaborative Planung

Mit der SAP APO »collaborative Planning« wird die Erweiterung der Logistikkette zu Collaborative Commerce-Networks in Angriff genommen. Hier noch ein Bild zur Verdeutlichung der Architektur von SAP APO:

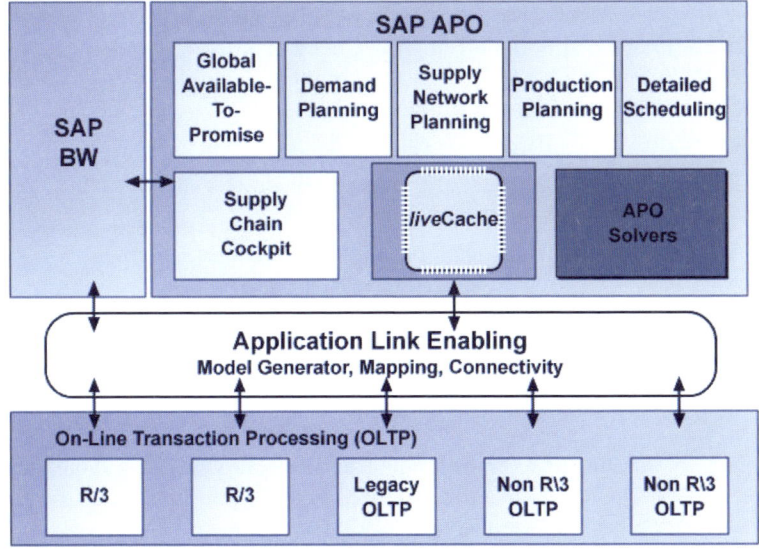

Abbildung 1.3
SAP Advanced Planner and Optimizier
© SAP AG

Das SAP Logistik Execution System (SAP LES) umfasst umfangreiche Funktionen für die Lager- und Transportverwaltung. Ein weiterer Bestandteil ist die Möglichkeit, logistische Operationen umfangreich zu analysieren. **SAP LES**

SAP BW   Auch an dieser Stelle ist nochmals das SAP Business Information Ware-house (SAP BW) zu nennen. Im Zusammenhang mit dem SAP LES ist das SAP BW als »elektronisches Lager« vorkonfiguriert. Darüber hinaus stehen sämtliche, mit dem SAP Business Information Warehouse ver-bundenen Analysemöglichkeiten zur Verfügung.

1.5   E-Commerce

Ein strategischer Schwerpunkt aktueller Software-Entwicklungsaufga-ben bei der SAP AG ist das E-Commerce. Wir geben Ihnen in diesem Absatz einen Überblick zu folgenden Produkten für das E-Commerce:

- SAP B2B Procurement

- SAP Online Store

- SAP Employee Self Service Anwendungen

SAP B2B Procurement

Business-to-   Kurz gesagt ist SAP B2B – B2B steht für Business-to-Business – der Ein-
Business   kauf via Internet. Der autorisierte Mitarbeiter kann über eine Web-ba-sierte Oberfläche direkt beim Lieferanten Waren und Dienstleistungen beschaffen, auch wenn das Partner-Unternehmen kein SAP R/3 System mit der Materialwirtschaft im Einsatz hat. Vor allem denkt man hier an nicht fertigungsgebundene Waren wie beispielsweise Personal Compu-ter, Möbel, Büromaterial. Als fachspezifischer Ausdruck wären »indi-rekte Waren« und Dienstleistungen inklusive Maintenance, Repair und Operations (MRO) zu nennen. Hier einige der zu erzielenden Vorteile:

- Beschleunigung der Beschaffung durch eine Echtzeit-Integration mit dem Lieferanten

- der Lieferant verwaltet seine Produkte bzw. Produktkataloge

- geringerer Trainingsaufwand beim einkaufenden Mitarbeiter (Self-Service-Gedanke)

- Lagerbestände, Personalkosten und weitere Transaktionskosten kön-nen reduziert werden

All-in-One-   Die Komponente B2B ist Bestandteil der SAP Supply Chain Manage-
Lösung   ment (SAP SCM) Initiative der SAP. B2B wird von der SAP AG auch als »All-in-One-Lösung« bezeichnet.

SAP Online Store

Flexibel im   Der SAP Online Store ist eine Internetkomponente für den elektroni-
Internet   schen Handel. Sie kann unterschiedlich eingesetzt werden, was wir an-hand gängiger Beispiele erläutern wollen:

- für die Präsentation des Produktkatalogs (mit und ohne Bestellmöglichkeit)

- für den Einkauf von Waren

- für den Verkauf von Waren mit Angebotserstellung, Kundenerfassung und Zahlungsverkehr. Der Kunde kann den Bearbeitungsstatus seines Auftrages selbst überprüfen

- zwischen Unternehmen und Verbraucher, zwischen Groß- und Einzelhändlern

- zwischen Unternehmen (Business-to-Business)

Wichtig ist anzumerken, dass diese Komponente mit dem R/3-System – bei B2B geschieht das ja wahlweise – integriert ist.

SAP Employee Self Service Anwendungen (SAP ESS)

Hinter dem Begriff Employee Self Service, kurz ESS, steht der Gedanke, dass Mitarbeiter ihre eigenen Daten pflegen bzw. abrufen. Und dies ohne grosse Schulung für diesen gelegentlichen Anwenderkreis. Hier eine Übersicht über die möglichen ESS-Anwendungsbereiche:

Personalsysteme

- Zeiterfassung (z.B. Urlaubsanträge, Eingabe der Arbeitszeit, Korrekturen)

- Personendaten prüfen und pflegen (z.B. Aktualisierung von Adressen, Bankverbindungen)

- Anmelden und informieren über Arbeitgeberleistungen (z.B. Teilnahme an Leistungsprogrammen)

- Informieren und anmelden im Aus- und Weiterbildungswesen

- Anfordern von Beschäftigungsnachweisen

- Reisekosten und Spesen erfassen und zur Genehmigung vorlegen

- Bewerbung abgeben und Status der Bewerbung erfragen

- Mitarbeiterverzeichnisse nachfragen (Who's Who)

- Bestellanforderungen verwalten

Da ist viel Phantasie drin, auch wenn noch relativ wenige Unternehmen die gesamte Palette der ESS-Anwendungen einsetzen.

1.6 Branchenlösungen

Branchenlösungen sind ein weites Feld. Wir wollen uns zuerst mit den SAP Branchenlösungen im engeren Sinne befassen, dann noch auf eine erweiterte Sicht von Branchenlösungen eingehen.

SAP Branchenlösungen im engeren Sinne

Umfangreiche Gebilde Was ist eine SAP Branchenlösung? Im engeren Sinne ist es eine R/3-Lösung ergänzt und erweitert um branchenspezifische Funktionen und Voreinstellungen. Komplettiert durch spezielle Service & Supportleistungen wie Schulung, Beratung und Wartung der Branchenlösung. Eine branchenspezifische Voreinstellung wäre beispielsweise ein branchenspezifischer Kontenplan oder eine auf eine spezielle Branche ausgerichtete Einführungsmethodik mittels ASAP©. Der Gesamtumfang einer SAP-Branchenlösung ist also ein umfangreiches Gebilde und setzt sich aus folgenden Elementen zusammen:

- R/3-Standardmodule (R/3-Backbone) wie beispielsweise die Finanzbuchhaltung (FI), Controlling (CO), Instandhaltung (PM), Vertrieb (SD) oder Produktionsplanung (PP)

- Branchenspezifische Geschäftsprozesse und R/3-Funktionen

- Branchenspezifische Ausprägung des SAP Business Information Warehouse

- Solution Map als Geschäfts- und Planungsmodelle für funktionale Anforderungen der jeweiligen Branchen

- Branchenspezialisierung der SAP-Beratungspartner

- Spezielle Schulungsangebote

- Branchenspezifische Einführungsmodelle

19 Branchenlösungen Die SAP bietet zur Zeit neunzehn Branchenlösungen an, hier eine Auswahl:

- Automobilindustrie

- Banken

- Chemie

- Gesundheitswesen

- High Tech & Elektronik

- Energieversorger

- Öffentliche Verwaltung

- Telekommunikation

- Medien

Solution Map Der Realisierungsstand der einzelnen Branchenlösungen ist unterschiedlich ausgeprägt. Für jede dieser Branchenlösungen existiert eine so genannte »Solution Map«, in welcher der bestehende bzw. geplante

Funktionsumfang definiert wird. Auf der Grundlage dieser Solution Map können Sie den jeweiligen Realisierungsstand bestimmen und Ihr eigenes Projektportfolio definieren.

SAP Branchenlösungen im weiteren Sinne

Wir wollen diesen Aspekt aus zwei Sichten beleuchten: zuerst Branchenlösungen von Kunden oder Partnern der SAP AG, dann die Sicht auf oder durchs Internet.

Kunden oder Partner der SAP AG haben für ihre jeweilige Branche Weiterentwicklungen betrieben. Die SAP AG hat diese in den SAP-Standard übernommen. Dies kann in so genannten Entwicklungspartnerschaften erfolgen. Es wäre dann im Einzelfall zu prüfen, ob diese Lösungen in eine SAP Branchenlösung übergeführt werden. Als Beispiel könnten hier die Baubranchenlösung oder SAP Banking angeführt werden wie auch das Aufbereiten eines New Dimension Produkts für eine bestimmte Branche, z.B. das Customer Relationship Management (CRM) für die Telekommunikationsbranche.

Kunden-/ Partnerlösungen

Partner der SAP AG entwickeln ergänzende Lösungen zu SAP R/3 oder anderen SAP-Produkten. Die SAP AG zertifiziert diese Fremdsoftware, differenziert nach Art der technischen Realisierung.

Komplementärsoftware

Wir werden im nächsten Absatz auf mySAP.com näher eingehen. Klar ist aber jetzt schon, dass es branchenspezifische Markt- und Arbeitsplätze in der Internetplattform der SAP AG gibt und verstärkt geben wird.

mySAP.com Marketplace

1.7 mySAP.com – One-Step-Business

Was ist mySAP.com und was sind seine Hauptkomponenten? Was sind die Voraussetzungen? Hier die »offizielle« Definition: »mySAPcom delivers personal and collaborative solutions on demand.«

Mit mySAP.com hat die SAP AG ihre Internetstrategie definiert und Internet-basierte Lösungen bereitgestellt. Diese werden auch als One-Step-Business bezeichnet. Also alles, was mit E-Business oder E-Commerce zu tun hat. Für eine unternehmensübergreifende Zusammenarbeit und für die Kooperation innerhalb der E-Community.

Internetstrategie

Betrachten wir jetzt die mySAP.com-Prinzipien:

Marketplace

- Business
  mit den Prinzipien Wertschöpfung, Partnerschaft und Kooperation
- Personal
  mit den Prinzipien Einbindung der Benutzer, Benutzerrollen und den Portalen
- Internet
  mit den Aspekten Outsourcing, Technologie und Community

Benutzerrollen Sämtliche Produkte der SAP AG werden unter diesem Konzept bereitgestellt. So enthält das Release 2.0 des SAP Business Warehouse unter mySAP.com bereits 75 definierte Benutzerrollen, integriert mit dem mySAP.com Workplace. Betrachten wir nun die wesentlichen Elemente, die vier Eckpfeiler von mySAP.com. Diese zunächst im Überblick:

- Marketplace

- Workplace

- Application Hosting und Outsourcing

- Business-Szenarien

Marketplace

Internet-Community Ein Marktplatz für alle, eine Internet-Community. So beschreibt die SAP AG ihre mySAP.com Marketplace. SAP-Kunden können bereits angeführte SAP-Anwendungen mit dem Marktplatz verbinden. Die Architektur des mySAP.com besteht aus Web-Anwendungen, Web-Services und Infrastrukturtechnologie. Hier die Möglichkeiten von mySAP.com:

- einstufige Geschäftsabwicklung

- spezialisierter Handel zwischen Branchen mit maßgeschneiderten Anwendungen für die jeweiligen Zielgruppen (Beispiel: Energieversorger, Ölindustrie)

- Wirtschaftsinformationen und Branchen-Nachrichten

- branchenübergreifende Zusammenarbeit zwischen Partnern

Ein Bild sagt mehr als viele Worte:

Abbildung 1.4
mySAP.com –
One-Step-Business
© SAP AG

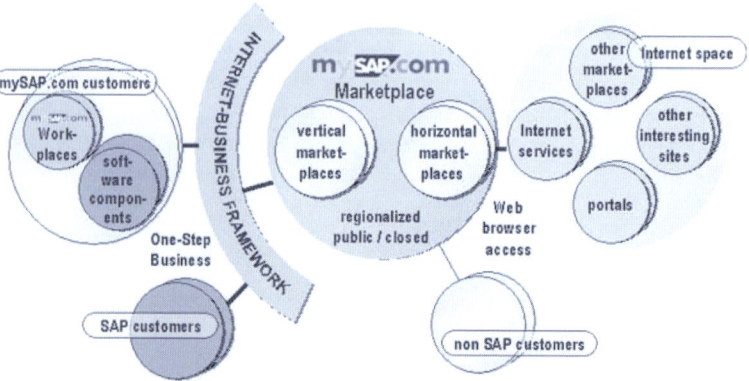

Workplace

Ein wesentliches Hauptmerkmal dieses Unternehmsportals ist, dass ein einziger Zugriffspunkt genügt, um mittels Webbrowser – überall und jederzeit – auf alle internen und externen Anwendungen (SAP und auch nicht SAP) zuzugreifen (Single Sign on). Weitere Hauptmerkmale sind:

* personalisierte und rollenbasierte Benutzeroberfläche – beispielsweise als Key Account Manager, als Strategischer Einkäufer, als Kreditorenbuchhalter oder als Travel Manager

* Offenheit und Flexibilität, basierend auf dem Internet-Business Framework

Das nachfolgende Bild wird Ihnen die Potenziale des mySAP.com Workplace verdeutlichen:

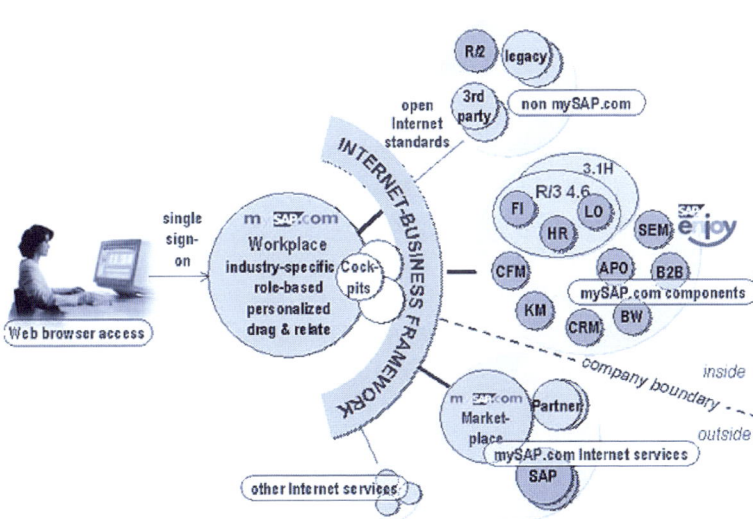

Abbildung 1.5
mySAP.com –
Single Sign on
© SAP AG

Application Hosting und Outsourcing

Mit diesem Angebot will die SAP ihren Kunden eine durchgängige Internetlösung anbieten – von der klassischen Finanzbuchhaltung auf SAP R/3 bis hin zum branchenspezifischen Marktplatz – kurz, die Kunden erhalten mySAP.com über das Internet. Die Zielsetzung ist hier natürlich die Schnelligkeit und Einfachheit – für den Kunden – der Bereitstellung und Nutzung kompletter Internetlösungen. Wenn Sie so wollen, ein Outsourcing über das Internet. Interessant für kleinere Unternehmen, interessant für den Mittelstand. Die folgenden Service-Levels werden angeboten:

Schnell und einfach

Service Level	Beschreibung
Business Operation Services	Hier werden Geschäftsfunktionen ganz oder teilweise ausgelagert. Beispiele sind das Fuhrparkmanagement, das Controlling, die Revision oder die schon länger bekannten Funktionen wie Sicherheitsdienste, Kantine oder Netzwerkbetreuung.
Application Services	Systementwicklung und Systemwartung werden ausgelagert. Beispielsweise die R/3 Basis.
Plattform Services	Hier ist der EDV-Betrieb gemeint, vom Monitoring bis zum Upgrade Management.

Tabelle 1.3 Application Hosting und Outsourcing – Levels

Business-Szenarien

Buying/ Selling Die Business-Szenarien entsprechen einer Vielzahl vorgedachter Lösungen für das E-Business, für das Internet Buying und das Internet Selling – auf der Business-to-Business-Ebene. Diese Szenarien ermöglichen den Zugang zu SAP R/3, anderen SAP-Anwendungen und können:

- auf das eigene Unternehmen beschränkt sein oder

- auch andere Firmen mit einbeziehen.

Erfolg Der Erfolg wiederholt sich. mySAP.com ist bereits in kurzer Zeit nach der Ankündigung des Konzepts ein sehr großer Erfolg. Namhafte Unternehmen unterschiedlicher Größen und aus den verschiedensten Branchen haben sich festgelegt und sind im mySAP.com Marketplace zu finden.

Kapitel 2

Jetzt geht's los: So melden Sie sich an und ab

In einem R/3-System arbeiten in der Regel mehrere Hundert, in großen Unternehmen sogar Tausende von SAP®-Benutzern gleichzeitig. Da ist es für jeden einzelnen Benutzer, also auch für Sie, sehr wichtig, dass Sie sich

- im richtigen R/3-System und
- im richtigen R/3-Mandanten mit dem
- richtigen SAP-Benutzer und -Kennwort

anmelden. Wir zeigen Ihnen, wie Sie sich richtig an- und abmelden. Wir erklären Ihnen außerdem, wie Sie ihr Kennwort ändern können.

2.1 Anmelden in R/3®

Sie haben sich in einer Windows-Oberfläche, beispielsweise unter Windows NT an Ihrem PC angemeldet. Ab dem Release 4.6, also ab dem »EnjoyRelease« brauchen Sie einen Webbrowser, am besten den Microsoft® Internet® Explorer® im Releasestand 5.0. Dann können Sie die Vorteile der modernen R/3-Oberfläche am besten nutzen. Zusätzlich muss an Ihrem PC-Arbeitsplatz der so genannte »SAPGUI« eingerichtet sein.

Als SAPGUI bezeichnen wir das »Graphical User Interface«, mit dem Sie   **SAPGUI**
als SAP-Benutzer mit R/3 arbeiten. SAPGUI ist ein Softwareprogramm, das die SAP AG ausliefert und das von Ihrem Systemadministrator auf

Ihrem PC installiert werden muss. Der SAPGUI wird auch als »Präsentationsdienst« von R/3 bezeichnet. Der SAPGUI ist wichtig für die Kommunikation zwischen dem R/3-Benutzer und dem R/3-System.

R/3-Anmeldebild   Aktivieren Sie jetzt das R/3-Icon mit einem »Doppelklick« und warten Sie einen Moment. Sie sehen jetzt auf dem Bildschirm das Anmeldebild für die R/3-Anwendung.

Abbildung 2.1
SAP R/3-Anmeldebild
© SAP AG

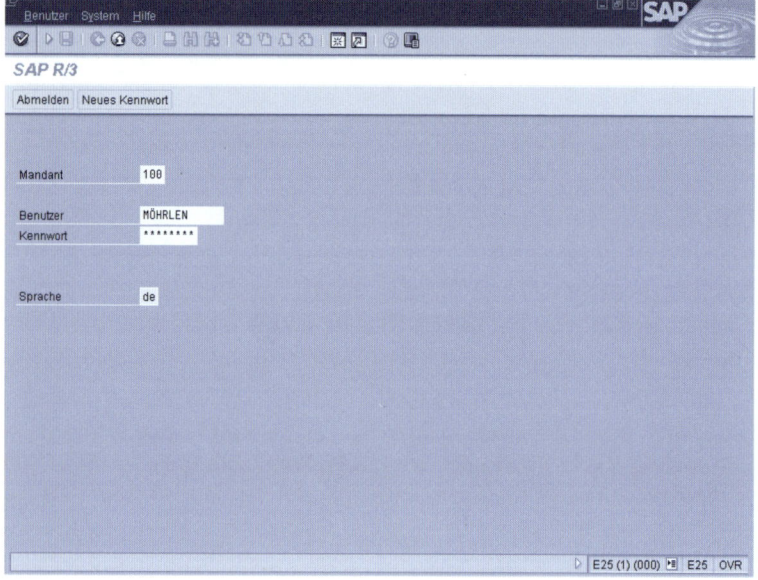

Jetzt müssen Sie die Felder, die Sie hier sehen, ausfüllen.

110 = Bason
101 = Test **Mandant**   Der Mandant (Client) ist eine dreistellige Ziffer und bezeichnet das Unternehmen, in dessen R/3-Anwendung Sie sich anmelden wollen. Sie müssen also die richtige Mandantennummer kennen. Der Systemadministrator kann Ihnen die Eingabe abnehmen, indem er die richtige Mandantennummer voreinstellt.

Benutzer   Hier geben Sie Ihre Benutzer-Identifikation (Login) ein. Wie diese heißt,
BAS,BA, RA   sagt Ihnen Ihr Benutzeradministrator. In vielen Firmen ist es üblich, dass Sie hier die gleiche Benutzer-Identifikation verwenden, wie in Windows NT. Der »Benutzer« wird in R/3 mit einem Stammsatz verwaltet, in dem Berechtigungen gespeichert werden. Damit wird geregelt, wer welche Daten innerhalb eines Mandanten anlegen, ändern oder anzeigen lassen darf.

Kennwort   Das Kennwort (Passwort) sollten nur Sie kennen. Es schützt Sie davor, dass jemand anderes in unberechtigter Weise mit Ihrem SAP-Benutzer arbeitet. Wenn Sie sich das erste Mal in R/3 anmelden, beachten Sie folgende Besonderheiten:

- Als Kennwort müssen Sie das Kennwort verwenden, das Ihnen der Benutzeradministrator genannt hat.

- Das System zwingt Sie, dieses Start-Kennwort sofort in Ihr eigenes, persönliches Kennwort zu ändern.

Die Zeichen, die Sie in dieses Feld eingeben, werden am Bildschirm nicht direkt angezeigt, Sie müssen also besonders darauf achten, keine Tippfehler zu machen. Wie Sie das Kennwort ändern, erklären wir am Schluss dieses Kapitels.

Wenn Ihr R/3-System »standardmäßig« installiert wurde, können Sie **Sprache** die Sprache (Language) auswählen. In der Regel wählen Sie zwischen Deutsch (DE) und Englisch (EN). Letztendlich ist aber ausschlaggebend, wie das R/3-System in Ihrem Haus installiert wurde, denn die R/3-Software kann in über 60 Sprachen angeboten werden. Der Systemadministrator hat auf jeden Fall eine Sprache vorbelegt (auch wenn Sie das ggf. nicht am Bildschirm sehen). Die Auswahl der Sprache ist wichtig für alle folgenden Bildschirmbilder. Denn die Sprachauswahl legt fest, in welcher »Sprache« das R/3-System mit seinen SAP-Benutzern spricht.

Die Anmeldeschritte im Überblick

Unsere Checkliste fasst die Anmeldeschritte zusammen. Gehen **Checkliste** *Sie genau in diesen Einzelschritten vor, dann werden Sie sich mühelos in R/3 anmelden können.*

▶ *Melden Sie sich am Netzwerk an.*

▶ *Wählen Sie das R/3-Icon aus.*

▶ *Füllen Sie das R/3-Anmeldebild vollständig aus.*

▶ *Quittieren Sie Ihre Eingaben mit* ⏎.

Wenn Sie sich erfolgreich anmelden konnten

Wenn Sie die vier Schritte der Checkliste ausgeführt haben, so verschwindet das R/3-Anmeldebild und Sie finden sich im SAP Easy Access wieder.

Der Bildschirm wird in mehrere Elemente aufgeteilt. Wesentlich für Sie **Rollenspezifisches** ist der linke Teil des Bildschirms, denn hier sehen Sie ihr rollenspezifi- **Menü** sches Menü. Es wurde vom Systemadministrator in diesem Umfang zusammengestellt und auf den SAP-Benutzer zugeschnitten. Beispiele für Rollen aus der Praxis sind:

- Sachbearbeiter Debitoren- oder Kreditorenbuchhaltung
- (Investitions- oder Instandhaltungs-) Controller
- Abteilungsleiter

Abbildung 2.2
SAP Easy Access SAP R/3
© SAP AG

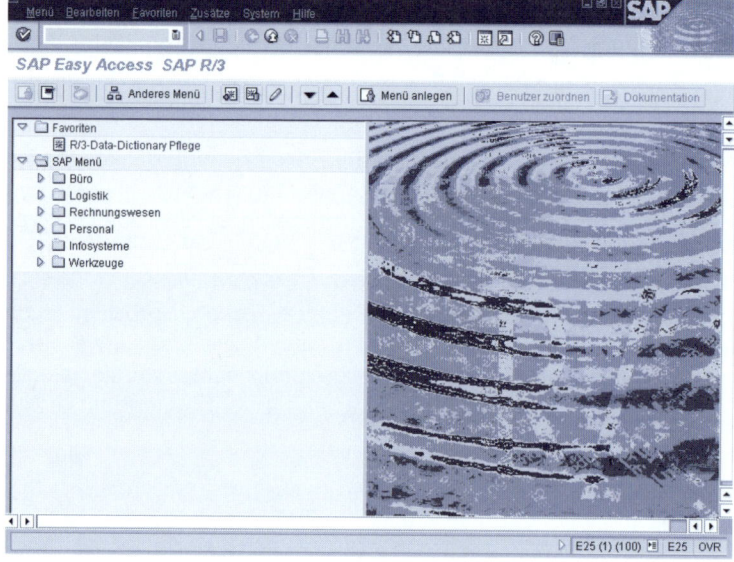

Das rollenspezifische Menü wird R/3-intern aus verschiedenen Elementen aufgebaut. Wichtiger Bestandteil ist die Ausprägung der Berechtigungen in Ihrem Benutzerstammsatz.

Wenn Sie sich nicht anmelden konnten

Fehler beim Anmelden? Wenn Sie sich nicht anmelden konnten, springt der Cursor auf dasjenige Feld, das den Fehler verursacht hat. Korrigieren Sie dann Ihre Eingaben. Gehen Sie ganz genau nach der Checkliste von der vorherigen Seite vor.

Wer im Release 4.6 arbeitet, erhält eine Fehlermeldung in der Statusleiste. Abbildung 2.3 zeigt Ihnen, wie das dann am Bildschirm aussehen würde.

Die Ursachen dafür, dass es Ihnen nicht gelingt, sich anzumelden, sind vielfältig. Neben der Fehlermeldung, die wir in Abbildung 2.3 zeigen, wird häufig auch der Text »E: Name oder Kennwort ist nicht korrekt (Bitte Anmeldung wiederholen)« gezeigt. Beispiele für typische Fehler:

- Sie haben die falsche Mandantennummer eingegeben.
- Sie haben den falschen SAP-Benutzer eingegeben.
- Sie haben ein falsches Kennwort eingegeben.
- Sie haben eine Sprache ausgewählt, die nicht verwendet werden darf.

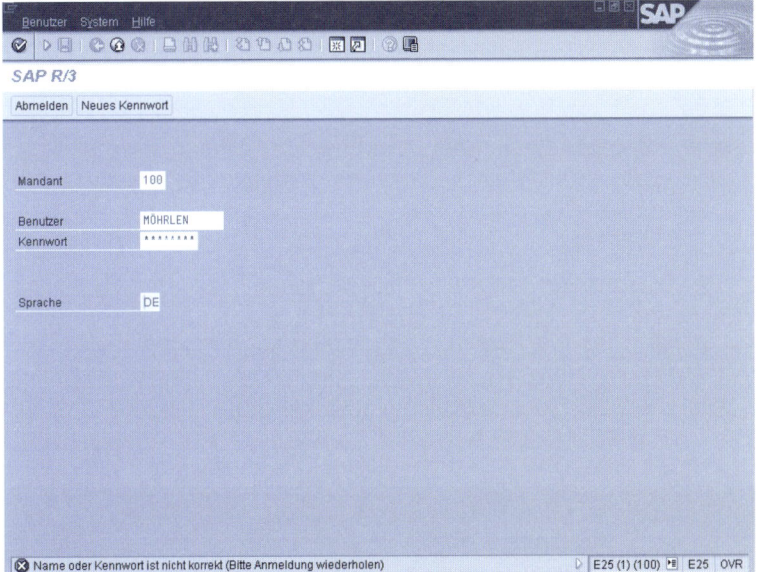

Abbildung 2.3
Fehlermeldung beim
Anmelden in R/3
©SAP AG

Wenn Sie wissen, woran es liegt, dann versuchen Sie nochmals, sich anzumelden. Aber Achtung: Es kann sein, dass jetzt eine andere Fehlermeldung am Bildschirm erscheint: »Benutzer gesperrt, bitte Administrator benachrichtigen«. Sie erhalten diese Fehlermeldung, wenn Sie mehrfach vergeblich versucht haben, sich anzumelden. Das System hat jetzt Ihren SAP-Benutzer gesperrt. Um zu verhindern, dass unbefugte Personen durch das wahllose Ausprobieren von Kennwörtern Zugang zu R/3 erhalten können, hat die R/3-Software folgende Vorkehrungen getroffen:

Benutzer gesperrt

* Nach drei erfolglosen Anmeldeversuchen wird das R/3-Anmeldebild verlassen und Sie kehren in den Programm-Manager zurück.

* Nach zwölf erfolglosen Anmeldeversuchen sperrt das R/3-System den SAP-Benutzer. Nur der Benutzeradministrator kann die Sperre aufheben.

2.2 Abmelden aus R/3

Sie haben jetzt mehrere betriebswirtschaftliche Vorgänge in R/3 ausgeführt und möchten sich wieder abmelden. Mit dieser Abmeldung beenden Sie die R/3-Sitzung. Es gibt mehrere Möglichkeiten, die wir Ihnen nun einzeln vorstellen wollen:

* Über das Menü SYSTEM abmelden

* Über das Kommandofeld abmelden

* Weitere Möglichkeiten

TIPP

Melden Sie sich aus dem R/3-System auch dann ab, wenn Sie lediglich kurzfristig Ihren Arbeitsplatz verlassen, denn sonst kann in Ihrer Abwesenheit jemand anderes mit ihrem SAP-Benutzer weiterarbeiten und Sie werden für eventuelle Fehler und Probleme, die hierdurch entstehen, verantwortlich gemacht. Alternativ können Sie einen Bildschirmschoner mit Kennwortschutz nutzen.

Über das Menü »System« abmelden

Auf jedem, wirklich jedem, R/3-Bildschirm können Sie die Menüs SYSTEM und HILFE verwenden. Wenn Sie mit der Maus auf das Menü SYSTEM klicken, öffnet sich das Menü und Sie sehen die einzelnen Teilfunktionen. Ihr R/3-Bildschirm sieht jetzt aus, wie es die Abbildung 2.4 zeigt.

Abbildung 2.4
Das Menü SYSTEM mit
seinen Teilfunktionen
© SAP AG

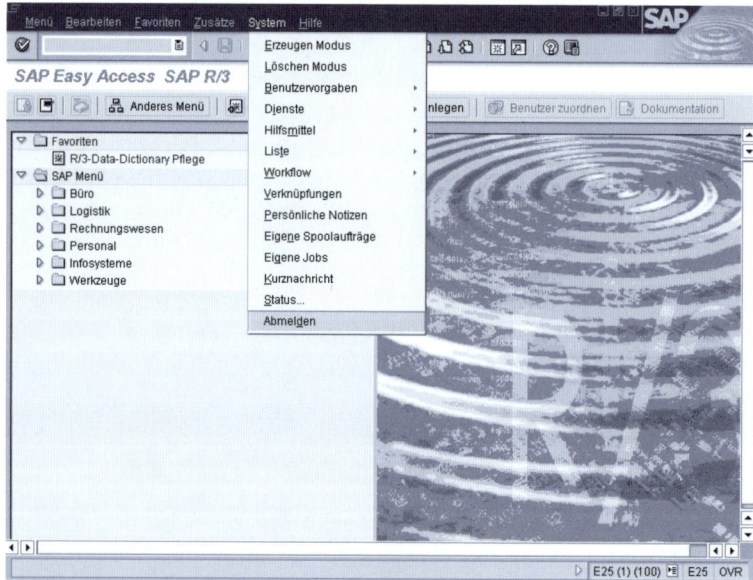

Wählen Sie jetzt den untersten Menüpunkt ABMELDEN. Sie erhalten ein Dialogfenster, das der Abbildung gleicht. Lesen Sie den Text.

Lassen Sie sich von dieser Meldung nicht irritieren. Die Frage nach den »noch nicht gesicherten Daten« wird bei jeder Abmeldung gestellt, egal ob Sie Daten geändert haben oder nicht. Wenn Sie sich wirklich abmelden möchten, bestätigen Sie den Text des Dialogfensters mit »Ja«.

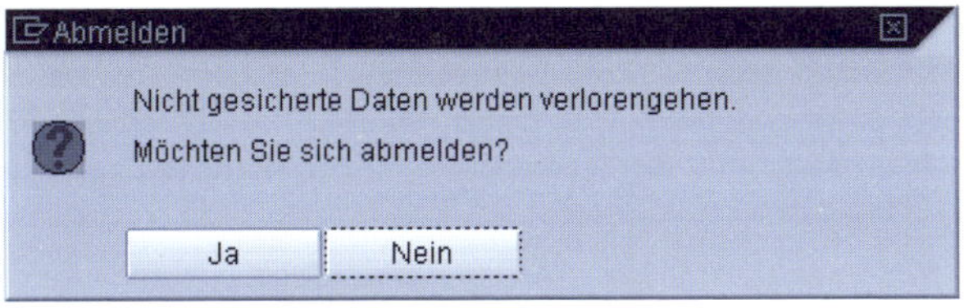

Abbildung 2.5
Dialogfenster für das Abmelden aus R/3
© SAP AG

Über das Kommandofeld abmelden

Auf jedem R/3-Bildschirm gibt es links oben ein weißes Feld, in dem Sie Kommandos eingeben können. Egal auf welchem R/3-Bildschirm Sie sich befinden. Sie können hier das Kommando »/NEND« eingeben. Sie erhalten dann das Dialogfenster mit dem Abmeldetext (siehe Abbildung 2.5) und beenden die R/3-Sitzung.

Über die Symboltasten abmelden

Auf jedem R/3-Bildschirm gibt es ein gelbes Symbol . Mit diesem Symbol wandern Sie die verschiedenen SAP-Menüebenen »nach oben« und letztendlich erhalten Sie wieder das in Abbildung 2.5 gezeigte Dialogfenster mit dem Abmeldetext.

Weitere Möglichkeiten

Wie in allen PC-Anwendungen üblich, können Sie das Fenstermenü der linken oberen Ecke nutzen, um sich abzumelden. Oder Sie verwenden die Tastenkombination [Alt] [F4].

Abmeldeschritte im Überblick

Checkliste

Sie können auf verschiedenen Wegen die R/3-Sitzung verlassen. Jedes Abmeldeverfahren führt letztendlich dazu, dass Ihnen das Dialogfenster mit dem Abmeldetext angezeigt wird. Wenn Sie das R/3-System endgültig verlassen wollen, bestätigen Sie mit »Ja«.

2.3 Kennwort ändern

Wissenswertes

Wenn Sie sich das erste Mal in einem R/3-Mandanten anmelden, so geht das nur, weil Ihnen der Benutzeradministrator Ihr »Startkennwort« mitgeteilt hat. Sie müssen bei der Erstanmeldung das Kennwort immer ändern. Später ändern Sie Ihr Kennwort, wenn Sie es für angebracht halten, bzw. dann, wenn es das Sicherheitskonzept Ihrer Firma so verlangt. Der Systemadministrator kann nämlich aus Sicherheitsgründen festlegen, dass Sie Ihr Kennwort in regelmäßigen Abständen, zum Beispiel alle vier Wochen, ändern müssen. Diese Regeln werden für jeden Mandanten einzeln festgelegt, können also von Mandant zu Mandant unterschiedlich sein.

TIPP

Halten Sie Ihr Kennwort geheim. Schützen Sie sich vor Missbrauch und gehen Sie sorgfältig mit Ihrem Kennwort um. Sie können Ihr Kennwort maximal einmal täglich ändern. Das R/3-System kann für jede Datenänderung nachvollziehen, durch wen und wann diese vorgenommen wurde. Wenn jemand Fremdes während Ihrer Abwesenheit an Ihrem Platz arbeitet, müssen Sie unter Umständen Fehler und Probleme vertreten, für die Sie eigentlich nicht verantwortlich sind.

So geht's   Sie können das Kennwort nur in dem SAP R/3-Anmeldebild ändern. Wie dieses aussieht, sehen Sie in Abbildung 2.1. Beachten Sie die Drucktaste Neues Kennwort . Klicken Sie mit dem Cursor einmal auf diese Drucktaste. Sie erhalten ein Dialogfenster, das genauso aussieht wie die Abbildung 2.6.

Abbildung 2.6
Neues Kennwort eingeben
© SAP AG

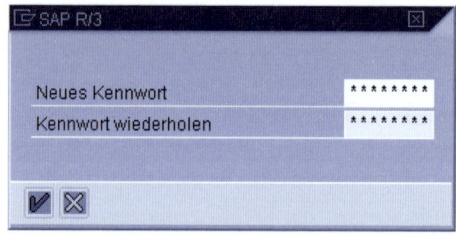

Geben Sie nun zweimal hintereinander Ihr neues Kennwort ein. Beachten Sie, dass Sie mit ⇥ zwischen den beiden Zeilen wechseln, verwenden Sie auf keinen Fall ↵ . Erst wenn Sie beide Eingaben gemacht haben, verwenden Sie die Drucktaste ✔ .

Das Kennwort ändern im Überblick

Checkliste

Wenn Sie Ihr Kennwort ändern wollen, führen Sie die nachfolgenden Schritte in der angegebenen Reihenfolge durch. Gehen Sie nicht zu schnell vor, sondern lesen Sie zunächst den Text des jeweiligen Schritts:

▶ *Melden Sie sich im Netzwerk an.*

▶ *Wählen Sie das R/3-Icon aus.*

▶ *Füllen Sie das R/3-Anmeldebild vollständig aus.*

▷ *Wählen Sie jetzt die Drucktaste* `Neues Kennwort` *.*

▷ *Geben Sie zweimal das neue Kennwort ein. Springen Sie mit der Tabulatortaste zwischen den Feldern.*

▷ *Bestätigen Sie Ihre Eingabe mit der Drucktaste* ☑ *.*

Regeln für Kennwörter

Für ein Kennwort eignet sich nicht jede beliebige Kombination von Zeichen. Die SAP AG hat folgende Regeln festgelegt, die grundsätzlich immer gelten. Nur der Systemadministrator kann in gewissem Umfang Einfluss nehmen. Wir haben diese Regeln für Sie in Tabelle 2.1 zusammengestellt:

Regel für das Kennwort	Beschreibung der Regel
Länge des Kennworts	Das Kennwort muss mindestens zwei Zeichen lang sein. Maximal kann es acht Zeichen lang sein. In der Praxis legt der Systemadministrator eine Länge von fünf bis acht Zeichen fest.
Zeichenfolgen	Drei Zeichen hintereinander dürfen nicht gleich sein. Ebenso sind keine drei aufeinander folgenden Zeichen erlaubt, die sich im SAP-Benutzernamen befinden. Der SAP-Benutzer »GATES« kann also das Kennwort »ATE« nicht verwenden.
PASS	Der Begriff »PASS« ist als Kennwort nicht erlaubt.
Groß- und Kleinschreibung	R/3 unterscheidet nicht zwischen Groß- und Kleinbuchstaben.
Kennwort wiederholt verwenden	Die letzten fünf Kennwörter dürfen nicht erneut verwendet werden.

Tabelle 2.1 Regeln für R/3-Kennwörter

Kennwort vergessen?

Der Benutzeradministrator kann SAP-Benutzer neu anlegen und die Berechtigungen ändern. Er kann die Stammsätze sperren und entsperren und er kann ein Kennwort zurücksetzen, wenn ein SAP-Benutzer dieses vergessen hat. Wenden Sie sich also an ihren Benutzeradministrator. Er kann das vergessene Kennwort nicht ermitteln, aber kann Ihnen ein neues Startkennwort zuteilen, mit dem Sie sich erneut, wie beim ersten Mal, anmelden können.

Kapitel 3

So ist der R/3-Bildschirm aufgebaut

Dieses Kapitel ist eigentlich der wichtigste Beitrag in diesem R/3®-Einsteigerbuch. Wir erklären Ihnen genau, wie der R/3-Bildschirm aufgebaut ist. Den Aufbau des R/3-Bildschirms gut zu kennen, ist für Sie sehr wichtig, da der R/3-Bildschirm praktisch die »Schnittstelle« zwischen dem R/3-System und Ihnen, also dem SAP®-Benutzer ist. Wir werden uns von einem Überblick bis in die Details vorarbeiten.

3.1 R/3-Bildschirm im Überblick

Grundsätzlich ist der R/3-Bildschirm vergleichbar mit den Fenstern anderer Windows-Anwendungen. Egal was Sie in dem R/3-System tun, jeder R/3-Bildschirm hat den gleichen Aufbau. Egal ob Sie Rechnungen buchen, einen Kostenstellenbericht analysieren, ob Sie Fertigungsaufträge terminieren oder für Arbeitsplätze einen Kapazitätsabgleich durchführen, der Aufbau des R/3-Bildschirms bleibt immer gleich. Wie Sie es aus anderen Windows-Anwendungen kennen, können Sie den Fensterrahmen an beliebige Stellen ziehen und in der Größe verändern. Abbildung 3.1 zeigt den R/3-Bildschirm im Überblick. **Überblick**

Der in Abbildung 3.1 gezeigte R/3-Bildschirm wird auch als »Fenster« bezeichnet. In R/3 können Sie mehrere Fenster parallel öffnen (wie das geht, zeigen wir Ihnen in Kapitel 4.3). **Fenster**

Abbildung 3.1
R/3-Bildschirm im
Überblick
© SAP AG

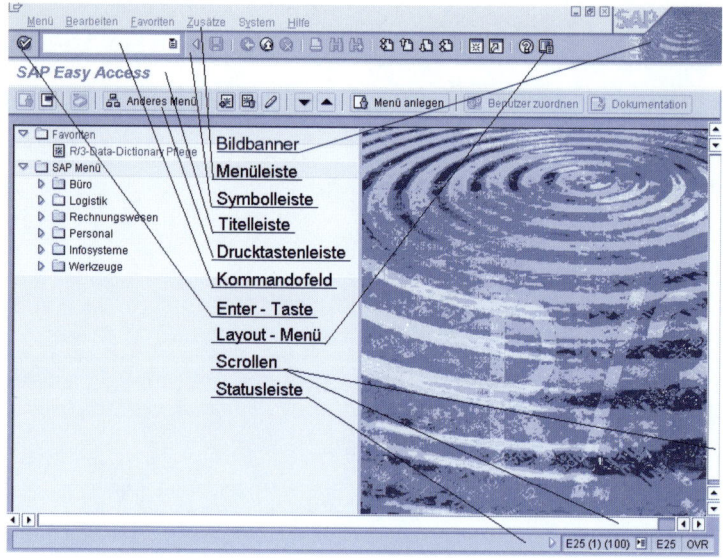

Um Sie nicht mehr zu verwirren als nötig, werden wir in diesem R/3-Einsteigerbuch immer vom »R/3-Bildschirm« sprechen. Wenn das R/3-System zusätzliche »Fenster« benötigt, beispielsweise um Ihnen die gültigen Werte eines Feldes anzuzeigen oder Sie über eine Fehlermeldung zu informieren, so werden diese Fenster präzise als »Dialogfenster« bezeichnet.

Bildkopf und Bildrumpf

Grundsätzlich besteht jeder R/3-Bildschirm aus zwei Bereichen, nämlich dem Bildkopf und dem Bildrumpf.

Bildkopf Den Bereich des »Bildkopfes« haben wir in Abbildung 3.1 hervorgehoben. Er beinhaltet verschiedene Zeilen, die auf allen R/3-Bildschirmen erscheinen und dort die gleichen grundsätzlichen Aufgaben haben. Es sind verschiedene »Leisten«:

- Menüleiste
- Systemfunktionsleiste (= Symbolleiste)
- Titelleiste
- Anwendungsfunktionsleiste (= Drucktastenleiste)

Diese zu kennen ist für R/3-Einsteiger sehr wichtig. Zu dem Bildkopf gehört auch noch der »Bildbanner«. Es ist die Aufgabe dieses Kapitels, Sie genau in die Aufgaben des Bildbanners und der Leisten einzuführen.

Im Bildrumpf werden die betriebswirtschaftlichen Funktionen ausgeführt. Der Bildrumpf sieht also je R/3-Bildschirm ganz unterschiedlich
aus. Sie sehen im Bildrumpf beispielsweise:

Bildrumpf

- Das Einstiegsbild einer betriebswirtschaftlichen Funktion
  (Transaktion).
- Das Detailbild einer betriebswirtschaftlichen Funktion.
- Das Listbild einer Analyse, die Sie abgefragt haben.

Als »Bildfuß« bezeichnen wir den Bereich des R/3-Bildschirms, der diesen nach unten abschließt. Dieser Bereich besteht ausschließlich aus der
»Statusleiste«. Wozu die Statusleiste dient, erklären wir Ihnen ebenfalls
in diesem Kapitel. Sie ist für das Tagesgeschäft sehr wichtig. Im letzten
Absatz dieses Kapitels finden Sie mehr Informationen hierzu.

Statusleiste

> *Auch wenn es auf den ersten Blick vielleicht lästig erscheint: Bitte
> merken Sie sich die Namen der verschiedenen Leisten und verin-
> nerlichen Sie, wozu Sie da sind. Sie werden diese SAP-Begriffe für
> sich selbst und im Gespräch mit Kollegen benötigen.*

TIPP

3.2 Menüleiste

Wir besprechen nun die Menüleiste. Sie befindet sich ganz oben im
R/3-Bildschirm, also am oberen Bildschirmrand. In diesem Kapitel sollen
Sie in erster Linie lernen, auf welchem Grundgedanken die Menüleiste
basiert. Es geht uns ums Prinzip. Wie Sie souverän mit der Menüleiste
und mit dem R/3-Bildschirm arbeiten, lernen Sie im Kapitel 4.

Der Grundgedanke

Abbildung 3.2
R/3-Menüleiste
© SAP AG

Abbildung 3.2 zeigt die R/3-Menüleiste, wie diese direkt nach dem
Anmelden im R/3-System aussieht. In Kapitel 5 werden Sie SAP Easy
Access kennenlernen. Dort wird das R/3-Menü in Form einer Baum-
struktur dargestellt, was aber inhaltlich genau das Gleiche ist. Zu der
Menüleiste müssen wir zwei grundsätzliche Themen ansprechen:

- Das R/3-Menü, das Sie in Abbildung 3.1 sehen ist der Einstieg in die betriebswirtschaftlichen Fachgebiete, die von der R/3-Software abgedeckt werden. Sie erhalten im nächsten Absatz eine kurze Übersicht zu diesen.

- Das R/3-Menü in Abbildung 3.1 ist Bestandteil einer Hierarchie von R/3-Menüs. Wie diese heißen und was diese bedeuten, erklären wir im übernächsten Absatz.

Das R/3-Menü und die betriebswirtschaftlichen Fachgebiete

Die betriebswirtschaftlichen Fachgebiete können wir Ihnen in diesem R/3-Einsteigerbuch natürlich nicht im vollen Umfange vorstellen, das ist klar. Die beiden folgenden Tabellen sollen Ihnen dennoch einen Überblick verschaffen. Warum teilen wir unseren Überblick in zwei Tabellen?

- In Tabelle 3.1 finden Sie einen Überblick zu den R/3-Fachgebieten. Je nachdem wo Sie das R/3-Menü weiter öffnen, gelangen Sie in weitere R/3-Menüs, die im jeweiligen betriebswirtschaftlichen Sinne aussehen, als in Abbildung 3.2 gezeigt.

- In Tabelle 3.2 finden Sie einen Überblick zu denjenigen R/3-Menüs, die auf jedem R/3-Bildschirm, unabhängig in welchem R/3-Fachgebiet Sie arbeiten, am R/3-Bildschirm erscheinen.

R/3-Fachgebiete Nun zu den R/3-Fachgebieten. In Kapitel 8 haben wir ein Anwendungsbeispiel für Sie zusammengestellt. Das Beispiel soll Ihnen beim Üben der R/3-Handhabung helfen. Es gibt aber auch einen Einblick in die R/3-Fachgebiete. Das Beispiel stammt aus der Materialwirtschaft, also aus dem R/3-Fachgebiet der Logistik.

R/3-Fachgebiet	Stichworte
Büro	In Kapitel 15 werden wir Ihnen die Bürofunktionen vorstellen. Die Bürofunktionen sind auch unter dem Namen »SAPOffice« bekannt. Sie finden hier Mailingfunktionen, ein Ablagesystem sowie die Möglichkeit Termine zu planen und Räume zu buchen.
Logistik	Hier finden Sie alle betriebswirtschaftlichen Fachgebiete, die der Logistik zugerechnet werden. Hierzu gehören unter anderem Vertrieb, Materialwirtschaft und Produktion sowie die Instandhaltung und das Qualitätsmanagement.
Rechnungswesen	Hier werden die kaufmännischen Fachgebiete des internen und externen Rechnungswesens zugerechnet. Sie finden hier unter anderem Finanzwesen, Treasury, Controlling und Investitionsmanagement.

R/3-Fachgebiet	Stichworte
Personal	Über den Menüpunkt PERSONAL steigen Sie in die Personalwirtschaft mit allen zugehörigen Themenkreisen ein. Sie finden hier unter anderem das Personalmanagement, die Zeitwirtschaft und die Personaladministration.
Infosysteme	Innerhalb der Menüpunkte LOGISTIK, RECHNUNGSWESEN und PERSONAL finden Sie die Informationssysteme des jeweiligen R/3-Fachgebiets. Alternativ können die Informationssysteme über diesen Menüpunkt aufgerufen werden. In Kapitel 12 finden Sie eine Einführung in dieses Thema.
Werkzeuge	Unter diesem Begriff fasst die SAP AG Funktionen zusammen, die zur R/3-Basis (R/3-Modul BC) gehören. Zu den Werkzeugen gehören unter anderem die ABAP Workbench, die Systemüberwachung (Computing Center Management System, CCMS) und die Benutzeradministration.

Tabelle 3.1 Betriebswirtschaftliche Fachgebiete in Stichworten

In Tabelle 3.2 finden Sie eine Übersicht zu den R/3-Servicemenüs. Es geht um die Menüs SYSTEM, HILFE und LAYOUT-MENÜ. Diese drei Menüs stehen immer im rechten Teil des R/3-Bildschirms. Besonders an ihnen ist auch, dass sie auf jedem R/3-Bildschirm vorhanden sind. Doch mehr hierzu weiter unten, bleiben wir zunächst beim Überblick.

Servicemenüs

R/3-Servicemenü	Stichworte
System	Der Menüpunkt SYSTEM ist etwas Besonderes. Er erscheint mit all seinen Funktionen auf jedem, wirklich jedem R/3-Bildschirm. Mehr zu diesem Menüpunkt finden Sie etwas weiter unten in diesem Kapitel.
Hilfe	Auch den Menüpunkt HILFE werden Sie auf jedem R/3-Bildschirm finden. Wie Sie mit den Online-Hilfen arbeiten, wird in Kapitel 9 ausführlich vorgestellt.
Layout-Menü	Im Layout-Menü können Sie die optische Darstellung des R/3-Bildschirms an Ihre individuellen Bedürfnisse anpassen. Mehr hierzu im übernächsten Absatz.

Tabelle 3.2 R/3-Servicemenüs in Stichworten

Die Hierarchie der R/3-Menüs

Wie Sie es von anderen Windows-Anwendungen kennen, so arbeitet auch R/3 menügesteuert. Sie müssen also mit der Maus aus der Menüleiste die gewünschte betriebswirtschaftliche Funktion suchen und auswählen. Da R/3 sehr umfangreich ist, gibt es mehrere Menüebenen.

Menüebenen

Wie diese Menüebenen heißen, haben wir in Tabelle 3.3 für Sie zusammengestellt. Dort finden Sie jeweils auch mehrere Beispiele.

R/3-Menüebene	Beispiele
SAP-Ebene	Büro, Logistik, Rechnungswesen, Personal, Werkzeuge.
Arbeitsgebietebene	Arbeitsgebiete der Logistik: u.a. Materialwirtschaft, Vertrieb, Instandhaltung, Projektmanagement. Arbeitsgebiete des Rechnungswesens: u.a. Hauptbuch, Debitoren, Kreditoren, Anlagen.
Anwendungsebene	Anwendungsebene der Materialwirtschaft: Bestandsführung, Einkauf, Rechnungsprüfung, Materialstamm. Anwendungsebene der Kreditorenbuchhaltung: Buchen, Beleg, Konto, ...

Tabelle 3.3 R/3-Menüebenen und deren Bedeutung

Das Menü SYSTEM

Im Menü SYSTEM finden Sie einige Funktionen, die Ihnen das Arbeiten mit R/3 leichter machen sollen. Wir stellen Ihnen die für Sie als R/3-Einsteiger wichtigen Funktionen an verschiedenen Stellen in diesem R/3-Einsteigerbuch vor und hoffen, dass die Funktionen die Sie hier finden, leicht für Sie zugänglich sein werden.

Das Menü HILFE

Im Menü HILFE finden Sie die R/3-Hilfsfunktionen. Die Funktionen sind umfangreich und sehr wichtig für Sie als SAP-Benutzer. An folgenden Stellen in diesem R/3-Einsteigerbuch finden Sie ausführliche Informationen zum Arbeiten mit den Online-Hilfen:

- In Kapitel 6.5 beschreiben wir die Hilfe-Funktionen für Eingabefelder.

- In Kapitel 9 finden Sie umfassende Informationen zu den Online-Hilfen.

Das LAYOUTMENÜ

Bisher haben wir Menüpunkte besprochen, die anhand von Worten in der Menüleiste zu erkennen waren. Jetzt besprechen wir noch das LAYOUTMENÜ. Sie erkennen es an dem dreifarbigen Symbol ganz rechts in der Systemfunktionsleiste. Sie können über dieses Menü einige Einstellungen vornehmen, die sich direkt auf den R/3-Bildschirm auswirken:

- Farben von Symbolen und Icons ändern

- Schriftart und Schriftgröße ändern

- Symbolleiste ein- oder ausblenden

- Cursoreigenschaften ändern

Diese Funktionen geben jedem SAP-Benutzer die Möglichkeit, seinen R/3-Bildschirm individuell einzustellen. So kann es beispielsweise angenehm sein, die Farbeinstellungen zu verändern oder eine größere Schriftgröße zu wählen. In der Praxis kann es vereinzelt und in Ausnahmefällen zu Schwierigkeiten mit Bildschirmeinstellungen kommen, die nicht mehr dem SAP-Standard entsprechen. Wir raten daher davon ab, von den hier gebotenen Gestaltungsmöglichkeiten Gebrauch zu machen.

Dagegen empfehlen wir die Verwendung von zwei weiteren Funktionen des Layoutmenüs, welche auf jeden Fall nützlich und für Sie im Tagesgeschäft hilfreich sein sollten:
- *Das Markieren, Kopieren, Ausschneiden und Einfügen von Inhalten.*
- *Das Erzeugen eines Screenshots (Hardcopy).*

Wir haben in der Abbildung 3.3 mit der Maustaste das Layoutmenü **Zwischenablage** aufgerufen.

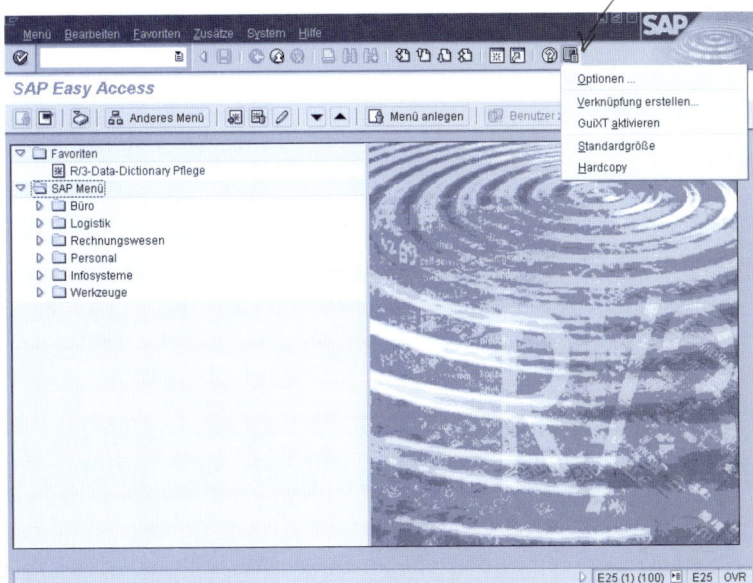

Abbildung 3.3
Das Layoutmenü
© SAP AG

Beachten Sie, dass Sie zusätzlich zu dem Menüaufruf (vgl. Abbildung 3.3) auch die Windows-Shortcuts verwenden können:

• Markieren Sie ein Bildschirmfeld mit der allgemein bekannten Tastenkombination $\boxed{\text{Strg}}\boxed{\text{Y}}$.

• Der Cursor verändert dann sein Aussehen und erscheint als Fadenkreuz, mit dem Sie dann den gewünschten Bereich abgrenzen können.

• Anschließend kopieren Sie den so gemerkten Inhalt mit der Tastenkombination $\boxed{\text{Strg}}\boxed{\text{C}}$.

Hardcopy Als weitere nützliche Funktion aus dem Layoutmenü stellen wir Ihnen das Erzeugen von Grafiken, also von Screenshots vor. In Abbildung 3.3 sehen Sie den hierfür vorgesehenen Menüpunkt. Das Arbeiten mit dieser Funktion ist ganz einfach. Wenn Sie sie verwenden, so wird auf Ihrem lokalen Drucker der aktuelle R/3-Bildschirm ausgedruckt.

In Kapitel 4 erklären wir ausführlich, wie Sie sich mit der Maus oder mit geschickten Tastenkombinationen auf dem R/3-Bildschirm und in den R/3-Menüs bewegen können. Auf besondere R/3-Menüs in der Anwendungsebene gehen wir in Kapitel 8 ein.

3.3 Bildbanner

Wo sich der »Bildbanner« befindet, haben wir für Sie in Abbildung 3.1 hervorgehoben. Es geht um die rechte obere Ecke des R/3-Bildschirms. Der Bildbanner überlagert die Menüleiste und die Systemfunktionsleiste. Die Systemfunktionsleiste besprechen wir im nächsten Absatz.

Beachten Sie, dass das Kommandofeld in der Systemfunktionsleiste standardmäßig nicht eingeblendet ist. Wenn Sie es einblenden wollen, so können Sie das mit der Maustaste im Bildbanner tun.

3.4 Systemfunktionsleiste (Symbolleiste)

Die Systemfunktionsleiste finden Sie direkt unter der Menüleiste. Die Systemfunktionsleiste beinhaltet immer (von links nach rechts) das Zeichen für »Datenfreigabe«, das Kommandofeld und anschließend einen festen Umfang an Symbolen.

Bis zum Release 4.5 war statt dem Begriff »Systemfunktionsleiste« der **Symbolleiste**
Begriff »Symbolleiste« gebräuchlich. In der Praxis können Sie die beiden
Begriffe synonym verwenden.

Abbildung 3.4 zeigt Ihnen die Systemfunktionsleiste nochmals ganz genau.

Abbildung 3.4
R/3-Symbolleiste
© SAP AG

Die Systemfunktionsleiste sieht auf jeder Ebene des R/3-Menüs gleich
aus. Das Kommandofeld sehen Sie nur, wenn Sie es über den Bildbanner aktiviert haben. Die Möglichkeit, die Symbole tatsächlich zu nutzen,
hängt vom jeweiligen betriebswirtschaftlichen Zusammenhang ab:

- Grundsätzlich gilt, dass klar erkennbare, farbige Symbole »aktiv«
  sind.

- Im Gegensatz hierzu können Sie die grau gezeigten Symbole nicht
  einsetzen.

In den nachfolgenden Tabellen geben wir Ihnen eine Übersicht zu den
R/3-Symbolen. Wir haben die Symbole nach Themenschwerpunkten in
mehrere Tabellen aufgeteilt.

Symbole, mit denen Sie im SAP-Menü navigieren

Mit den Symbolen, die in Tabelle 3.4 stehen, bewegen Sie sich in der
Hierarchie des SAP-Menüs.

Symbol	Name	Verwendung
	Enter	Datenfreigabetaste.
	Komman-dofeld (Befehls-feld)	Hier können Sie direkt Befehle an das R/3-Sy-stem absetzen. In diesem Feld werden unter an-derem Transaktionen eingegeben. In Kapitel 11, Arbeiten im Spezialistenmodus, gehen wir auf das Kommandofeld genauer ein. In der Pra-xis wird das Kommandofeld auch »Befehlsfeld« genannt.
	Sichern	Daten sichern, z.B. einen neuen Stammsatz, eine Rechnung.
	Zurück	Sie verlassen die aktuelle R/3-Menüebene und kehren zur vorausgehenden Ebene zurück. Diese befindet sich auf der gleichen Menü-ebene.
	Beenden	Sie verlassen die aktuelle R/3-Menüebene und kehren auf die nächsthöhere Menüebene zu-rück.

Symbol	Name	Verwendung
⊗	Abbrechen	Beenden des aktiven Vorgangs. Mit diesem Symbol brechen Sie den aktiven Vorgang ab. Das System wechselt in die nächsthöhere Menüebene.

Tabelle 3.4 Symbole mit denen Sie im SAP-Menü navigieren   Bilder: ©SAP AG

Symbole, die Ihnen zusätzliche Dienste leisten

In Tabelle 3.5 finden Sie Symbole, mit denen Sie aus bestimmten betriebswirtschaftlichen Funktionen drucken und suchen können.

Symbol	Name	Verwendung
🖶	Drucken	Druckfunktion aufrufen
🔍	Suchen	Suchfunktion aufrufen
🔍	Weiter suchen	Suchfunktion mit Detailsuche aufrufen

Tabelle 3.5 Symbole für zusätzliche Dienste   Bilder: © SAP AG

Symbole, mit denen Sie blättern können

Sie arbeiten mit diesen Symbolen beispielsweise in Listanzeigen, die mehr Daten beinhalten, als auf einem R/3-Bildschirm darzustellen sind. Alternativ zu diesen Symbolen können Sie auch den Scrollbalken am rechten Rand des R/3-Bildschirms verwenden.

Symbol	Name	Verwendung
	Erste Seite	In einer Liste wird zur ersten Seite geblättert.
	Vorige Seite	In einer Liste wird zur vorhergehenden Seite geblättert.
	Nächste Seite	In einer Liste wird zu der nächsten Seite geblättert.
	Letzte Seite	In einer Liste wird zur letzten Seite geblättert.

Tabelle 3.6 Symbole, mit denen Sie blättern können   Bilder: © SAP AG

Symbole, für noch mehr zusätzliche Dienste

Hier unsere letzte kleine Tabelle. Die zusätzlichen Dienste die Sie hier finden, sind eher etwas für fortgeschrittene R/3-Einsteiger. Wir haben für Sie in der Tabelle vermerkt, wo Sie weitere Informationen finden.

Symbol	Name	Verwendung
❄	Modus erzeugen	Mit diesem Symbol öffnen Sie einen neuen R/3-Bildschirm. Mehr hierzu in Kapitel 4.3.
↗	SAPGUI verknüpfen	Mit diesem Symbol stellen Sie eine SAPGUI-Verknüpfung zu einer R/3-Anwendung, einer Transaktion oder einem Report her. Näheres hierzu finden Sie in Kapitel 11.
?	Hilfe	Hilfefunktion aufrufen. Die Online-Hilfen werden ausführlich in Kapitel 9 behandelt.
▣	Layout-Menü	Hier können Sie das Layout-Menü aufrufen. Das Layout-Menü wurde zu Beginn dieses Kapitels angesprochen.

Tabelle 3.7 Symbole für noch mehr zusätzliche Dienste   Bilder: ©SAP AG

Setzen Sie den Cursor auf ein Symbol. Das System zeigt Ihnen den Namen an. So können Sie rasch erkennen, wozu das Symbol dient. Erhalten Sie keine Erklärung, so befinden Sie sich in einem R/3-Bildschirm, auf dem das Symbol nicht aktiv ist, da seine Verwendung an dieser Stelle keinen Sinn hätte.

Mit der »Datenfreigabe-Taste« arbeiten

Die ⏎-Taste brauchen Sie immer dann, wenn Sie die Eingaben, die Sie gemacht haben, dem R/3-System mitteilen wollen. Sie senden also Daten an R/3. Das System prüft diese Daten und stellt beispielsweise fest, dass Sie eine ungültige Kostenstelle eingegeben haben. Sie korrigieren dann diese Eingabe und senden diese wieder mit der ⏎-Taste an R/3, usw. Sie können die ⏎-Taste auf verschiedenen Wegen erreichen. Zum einen über das entsprechende Symbol in der Systemfunktionsleiste (vgl. Tabelle 3.4), zum anderen natürlich auch über Ihre PC-Tastatur.

Mit dem Kommandofeld arbeiten

Das Kommandofeld werden Sie, besonders so lange Sie noch zu den SAP-Neueinsteigern gehören, selten verwenden. Es ist standardmäßig ausgeblendet. Sie können es jedoch über den Bildbanner aktivieren. Das Kommandofeld wird auch als »Befehlsfeld« bezeichnet. Kapitel 11 wird Sie ausführlich in die Verwendung dieses Eingabefeldes einführen.

3.5 Titelleiste

Die Titelleiste finden Sie unter der Systemfunktionsleiste. Sie ist recht hoch, weiß und enthält in dunkler Schrift den aktuellen »Titel« des R/3-Bildschirms. Wenn Sie also dabei sind, eine Eingangsrechnung in der

Kreditorenbuchhaltung zu erfassen, so steht dort »Kreditoren Rechnung erfassen: Kopfdaten «. Wenn Sie einen Kostenstellenbericht analysieren, so steht dort beispielsweise »Kostenstellen: Ist/Plan/Abweichung: Selektieren«. Der Titel beschreibt

- entweder das SAP-Anwendermenü in dem Sie sich befinden oder

- die betriebswirtschaftliche Funktion, die Sie auf dem aktuellen R/3-Bildschirm durchführen können.

TIPP

Die Titelleiste informiert Sie genau darüber, wo Sie sich in dem R/3-System befinden. Wie in Abbildung 3.5 zu erkennen, wurde der Screenshot erstellt, nachdem wir die Funktion »Equipment ändern« aufgerufen haben.

3.6 Anwendungsfunktionsleiste (Drucktastenleiste)

Die Anwendungsfunktionsleiste finden Sie direkt unter der Titelleiste. Mit dem Cursor können Sie hier weitere Drucktasten ansprechen. Für die Praxis beachten Sie bitte:

- Die Anwendungsfunktionsleiste wird auch als »Drucktastenleiste« bezeichnet.

- Die Drucktasten werden auch als »Buttons« oder »Icons« bezeichnet.

Beispiel

Abbildung 3.5 zeigt ein Beispiel für eine solche Drucktastenleiste. Im Gegensatz zur Symbolleiste verändert sich der Inhalt der Drucktastenleiste mit jedem R/3-Bildschirm.

Drucktasten bzw. Buttons sind Elemente, die im jeweiligen betriebswirtschaftlichen Kontext für den SAP-Benutzer wichtig sind. In unserem Beispiel zeigen wir eine Drucktastenleiste aus dem Arbeitsgebiet der Instandhaltung. Wir sind in einer Funktion, mit der Sie Equipmentstammdaten pflegen können. In unserem Beispiel entsprechen die Drucktasten folgenden Funktionen:

- Informationen

- Strukturliste

- Klassenübersicht, Dokumente, Messpunkte/Zähler

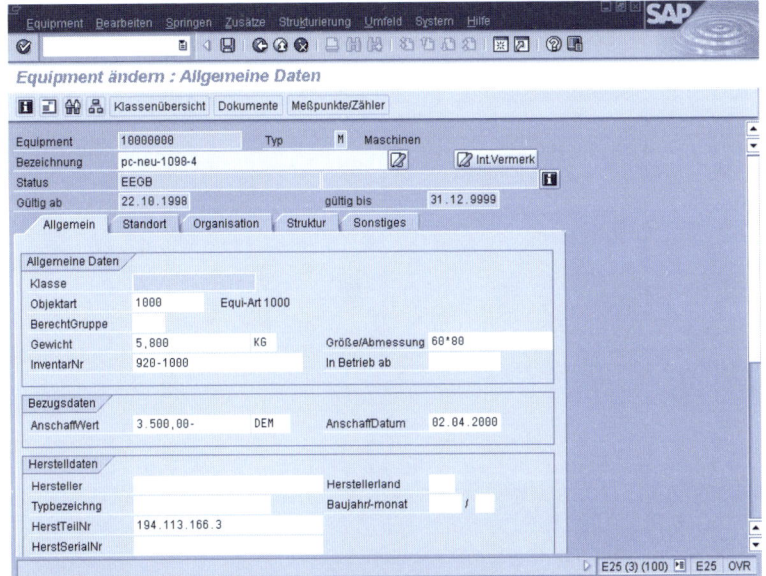

Abbildung 3.5
Beispiel für eine R/3-
Drucktastenleiste
© SAP AG

Drucktasten mit fester Bedeutung

In R/3 werden für vergleichbare Funktionen einheitliche Drucktasten verwendet. Es gibt also einige Drucktasten, bzw. Buttons mit fester Bedeutung. Und: Drucktasten können auch an anderen Stellen, als nur in der Drucktastenleiste des R/3-Bildschirms erscheinen. Die wichtigsten Drucktasten haben wir für Sie in Tabelle 3.8 zusammengestellt.

Druck-taste	Verwendung	Druck-taste	Verwendung
	Anlegen neuer Daten-satz		Eine Ebene nach oben verbergen
	Anzeigen		Eine Ebene nach unten öffnen
	Ausführen der Aus-wahl/Reports		Kopfdaten anzeigen/än-dern
	Löschen eines markier-ten Eintrags		In die Übersicht wech-seln
	Eine neue Auswahl auf-rufen (Suchhilfen)		Hierarchie anzeigen
	Auffrischen der Anzeige-werte		Informationen
	Aufwärts sortieren		Details zu Vorgängen oder Positionen anzeigen

**Wichtige
Drucktasten**

Druck-taste	Verwendung	Druck-taste	Verwendung
▼	Abwärts sortieren	⏮	Erster Vorgang
▤	Alle markieren	◀	Vorausgehender Vorgang/Spalte
▤	Alles entmarkieren	▶	Nachfolgender Vorgang/Spalte
✎	Modus Anzeigen/Ändern wechseln	⏭	Letzter Vorgang

Tabelle 3.8 Übersicht der R/3-Drucktasten   Bilder: © SAP AG

TIPP *Setzen Sie den Cursor auf eine Drucktaste. Das System zeigt Ihnen das QuickInfo an. So können Sie rasch erkennen, wozu die Drucktaste dient. Es werden auf einem R/3-Bildschirm nur die Drucktasten angezeigt, die sinnvoll sind.*

3.7 Statusleiste und Systemnachrichten

Die Statusleiste befindet sich am Fuß des R/3-Bildschirms und schließt diesen nach unten ab. Die Statusleiste ist in zwei Bereiche geteilt:

- Im linken Teil enthält die Statusleiste im Bedarfsfalle Systemnachrichten.

- Im rechten Teil hat die Statusleiste noch Platz für allgemeine Informationen für den SAP-Benutzer (Statusfelder).

Abbildung 3.6 zeigt Ihnen ein Beispiel für eine Statusleiste mit einer Systemnachricht. Beachten Sie: Nur wenn eine Systemnachricht vorhanden ist, erscheint die Statusleiste in blauer Farbe mit weißem Text. Ansonsten ist die Statusleiste ein unscheinbarer grauer Balken.

Abbildung 3.6
R/3-Statusleiste
© SAP AG

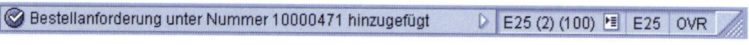

Systemnachrichten und ihre Bedeutung

Wie unser Beispiel zeigt, beginnt der Text der Systemnachricht mit einem Symbol. Dieses Symbol gibt einen wichtigen Hinweis auf die Bedeutung derselben. Das R/3-System kommuniziert über Systemnachrichten mit seinen SAP-Benutzern. Diese Meldungen und Nachrichten haben in der Regel etwas mit dem aktuell bearbeiteten betriebswirtschaftlichen Vorgang zu tun. Die Systemnachrichten werden in verschiedene Meldungstypen unterteilt. Diese haben wir in Tabelle 3.9 für Sie zusammengestellt. Sie sollten sich diese verschiedenen Meldungstypen merken, denn Sie informieren Sie auf einen Blick darüber, wie wichtig die Nachricht ist oder wie schwerwiegend ein Fehler ist. Unsere Tabelle informiert Sie auch darüber, wie Sie mit der jeweiligen Nachricht umgehen müssen.

Meldungstyp	Beschreibung
»S« – Success	Dieser Meldungstyp informiert Sie darüber, dass die gewünschte Funktion erfolgreich ausgeführt werden konnte.
»I« – Information	Meldungen mit diesem Meldungstyp dienen der Information. In einem zusätzlichen Dialogfenster erhalten Sie eine wichtige Nachricht, beispielsweise, dass die Daten einer Funktion zur Zeit durch einen anderen SAP-Benutzer gesperrt sind. Sie müssen die Meldung mit der »Datenfreigabetaste« bestätigen, bevor Sie weiterarbeiten können.
»W« – Warnung	Das System warnt Sie vor einer Falscheingabe oder vor einer nicht konsistenten Situation. Die Situation ist noch nicht fehlerhaft, kann es aber unter Umständen werden. Sie müssen die Meldung mit der »Datenfreigabetaste« bestätigen, bevor Sie weiterarbeiten können. Zweck der Meldung ist es, Sie aufmerksam zu machen.
»E« – Error	In diesem Fall liegt ein Eingabefehler vor. Sie können die Bearbeitung erst fortsetzen, wenn Sie die Fehleingabe behoben haben.
»A«- Abbruch	Der Fehler ist in diesem Falle so gravierend, dass die Bearbeitung des aktuellen betriebswirtschaftlichen Vorgangs abgebrochen wird. Solche Situationen treten beispielsweise in der Finanzbuchhaltung oder bei der Rechnungsprüfung auf, wenn automatische Buchungsvorgänge im Customizing nicht vollständig eingerchtet wurde und das System nicht buchen kann.

Wichtige Meldungstypen

Tabelle 3.9 Meldungstypen für Systemnachrichten

Ab dem Release 4.6 werden Systemnachrichten mit optischen Elementen gekennzeichnet. Diese bedeuten:

Neue Symbole ab Rel. 4.6

- ⊗ für Fehlermeldung
- ⊘ für alle anderen Systemmeldungen, meistens Informationen

TIPP *In der Statusleiste ist natürlich nur Platz für einen kurzen Text der Systemnachrichten. Dieser ist manchmal nicht besonders aussagefähig. Über die Hilfefunktion können Sie sich den Zusatztext zu einer Systemnachricht anzeigen lassen. Die Hilfefunktionen erklären wir Ihnen ausführlich in Kapitel 9. Wenn Sie eine Systemnachricht am R/3-Bildschirm sehen, so klicken Sie zweimal mit der Maus (Doppelklick) auf der Statusleiste. Das System eröffnet ein weiteres Dialogfenster, das Ihnen einen Zusatztext zu der Systemnachricht zeigt.*

TIPP *Achten Sie auf Systemnachrichten, die sich auf fehlende Einstellungen im Customizing beziehen. Häufig ist es möglich, über den Zusatztext direkt in das Customizing zu wechseln und dort Einträge zu pflegen. Ob Sie das dürfen, hängt ausschließlich von den Berechtigungen für Ihren SAP-Benutzer ab.*

Statusfelder der Statusleiste

Kommmen wir nun zum rechten Teil der Statusleiste. Hier sehen Sie die Statusfelder. Sie sind wichtig für alle SAP-Benutzer, also auch für Sie als R/3-Einsteiger. Durch Klicken auf das Symbol vor »E25« können Sie in den Statusfeldern erkennen,

- in welchem R/3-System Sie arbeiten,

- wie der R/3-Mandant heißt, in dem Sie arbeiten,

- mit welchem SAP-Benutzer Sie angemeldet sind,

- in welcher Transaktion Sie arbeiten

- und noch manches mehr.

Kapitel 4

So bewegen Sie sich auf dem R/3-Bildschirm

In Kapitel 3 haben wir Ihnen die Menüstruktur von R/3® vorgestellt. Wichtig ist, dass Sie sich mit der Maus sicher zwischen den Menüebenen herauf- und herabbewegen können, also von dem SAP®-Menü über die Arbeitsgebietsebene bis zur Anwendungsebene. In diesem Kapitel vertiefen wir dieses Thema. Dieses Kapitel hat folgende Schwerpunkte:

- Wir vertiefen, wie Sie mit der Maus und mit der Tastatur arbeiten.

- Wir zeigen Ihnen, wie Sie mit mehreren R/3-Bildschirmen parallel arbeiten.

- Wir zeigen Ihnen, wie Sie innerhalb eines R/3-Bildschirms blättern.

Wie Sie es aus anderen Windows-Anwendungen kennen, so ist auch in R/3 die »Maus« eines der wichtigsten Arbeitsmittel zur Bedienung des R/3-Bildschirms. Sie können jedoch auch mit der Tastatur und mit der Kommandoeingabe im »Kommandofeld« arbeiten. Aus der Praxis wissen wir, dass Sie mit allen drei Verfahren arbeiten müssen. Wir zeigen Ihnen jetzt, wie das geht.

4.1 Mit der Maus arbeiten

Mit der Maus im SAP-Menü navigieren

Am einfachsten ist das Arbeiten mit der Maus. Setzen Sie den Cursor auf das gewünschte Menü auf der SAP-Ebene. Das Menü öffnet sich und zeigt Ihnen die Arbeitsgebietsebene. Von dort gelangen Sie in die Anwendungsebene. Abbildung 4.1 zeigt hierzu ein Beispiel.

Abbildung 4.1
Mit der Maus im Menü
navigieren
© SAP AG

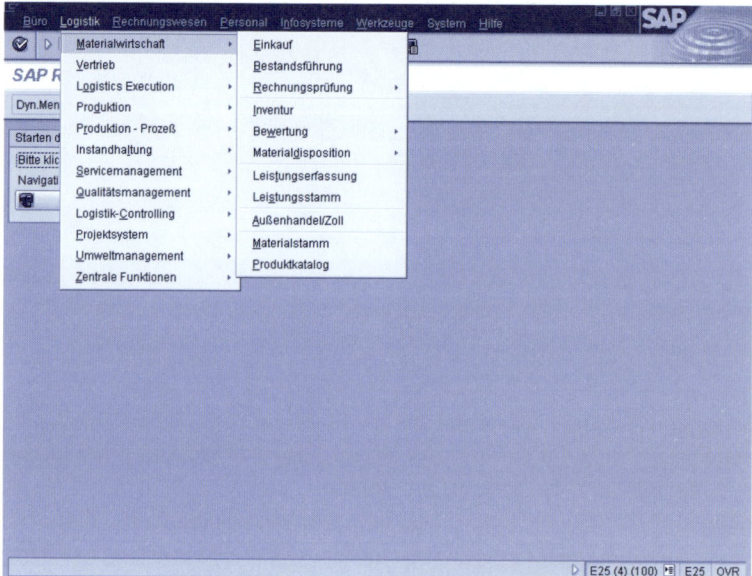

In unserem Beispiel haben wir die SAP-Ebene LOGISTIK geöffnet und anschließend das ARBEITSGEBIET der Materialwirtschaft. Beachten Sie, dass es zu Menüeinträgen, die rechts mit einem kleinen schwarzen Pfeil versehen sind, weitere Untermenüs gibt.

Maustasten im Überblick

Meistens genügt der einfache Mausklick, um ein Menü, Untermenü oder eine Anwendungsebene zu erreichen. Es ist dann die Aufgabe der Maus, eine Menüzeile, eine Drucktaste oder ein Symbol zu aktivieren. Aber auch die rechte Maustaste bietet einige Funktionen, die für die tägliche Praxis wichtig sind. Lesen Sie die verschiedenen Möglichkeiten, die Sie mit der Maus auf dem R/3-Bildschirm nutzen können, in Tabelle 4.1 nach. Es wird Ihnen eine große Hilfe im Tagesgeschäft sein.

Aktion	Beschreibung
Einfacher Klick auf die linke Maustaste	Dies markiert einen ausgewählten Menüeintrag oder öffnet diesen. Oder es wird das ausgeführt, was Aufgabe der Drucktaste oder des Symbols ist.
Doppelter Klick mit der linken Maustaste	Dies öffnet den markierten Menüeintrag. Für Drucktasten und Symbole hat der Doppelklick mit der Maus keine Funktion.
Einfacher Klick mit der rechten Maustaste	Diese Funktion ist sehr wichtig, wenn Sie sich in der Bearbeitung eines betriebswirtschaftlichen Vorgangs befinden. Es werden Ihnen solche Bearbeitungsfunktionen angeboten, die im jeweiligen Kontext sinnvoll sind. Diese Funktion nennt man daher auch »Kontextmenü«. Wir zeigen hierzu noch ein Beispiel.

Wichtige Mausaktionen

Tabelle 4.1 Linke und rechte Maustaste für R/3

Rechte Maustaste (Kontextmenü)

Die rechte Maustaste zeigt die möglichen Bearbeitungsfunktionen, die Sie bei der Bearbeitung eines betriebswirtschaftlichen Vorgangs nutzen können. Es ist eine wichtige Hilfe im Tagesgeschäft und ermöglicht Ihnen ein effizientes Arbeiten mit dem R/3-Bildschirm.

Für die Verwendung der rechten Maustaste wollen wir Ihnen ein anschauliches Beispiel geben. Hierzu rufen wir einen Equipmentstammsatz aus der R/3-Anwendung Instandhaltung (Modul PM) auf. Der Menüpfad lautet: LOGISTIK / INSTANDHALTUNG / TECHNISCHE OBJEKTE / EQUIPMENT ÄNDERN. Wir haben ein bestimmtes Equipment ausgewählt und erhalten jetzt die Abbildung 4.2.

Beispiel

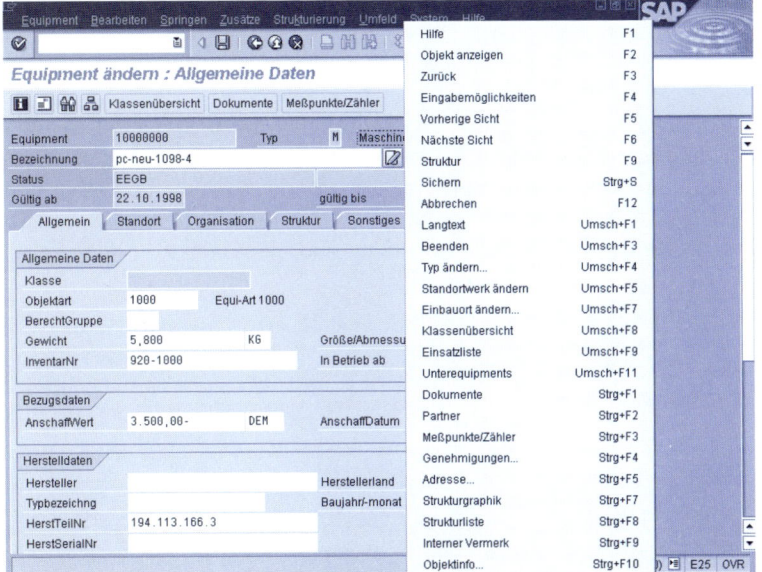

Abbildung 4.2 Rechter Mausklick – Ein Beispiel © SAP AG

Wir haben für Sie die rechte Maustaste bereits bedient. Sie sehen ein sehr langes Dialogfenster, das Ihnen die wesentlichen Bearbeitungs-möglichkeiten, die genau zu dem aktuellen R/3-Bildschirm passen, zeigt. Mit der Maus können Sie die Reihe auf und ab bewegen und eine Bearbeitungsmöglichkeit auswählen.

Wenn Sie mit der Maus etwas anklicken, so bestimmt die Pfeil-spitze der Maus, welche Funktion ausgelöst wird. Sie müssen da-her mit der Maus recht genau arbeiten.

Wenn Sie einen Doppelklick ausführen, so muss dieser schnell genug ausgeführt werden. Wenn Ihnen Ihre Maus zu schnell ist, so können Sie über die Systemsteuerung des PCs die Grundein-stellungen für die Maus ändern. Sie können auch einstellen, ob Sie Links- oder Rechtshänder sind, und es gibt mehrere Ge-schwindigkeitsstufen.

4.2 Mit der Tastatur arbeiten

Mit der Tastatur im SAP-Menü navigieren

Sie können auch mit den Pfeiltasten Ihrer PC-Tastatur im R/3-Menü na-vigieren. Verwenden Sie die [Alt]-Taste, um in die Menüleiste zu ge-langen. Mit diesem Tastaturbefehl schalten Sie die Maus aus und die Pfeiltasten ein.

Die PC-Tastatur

In Kapitel 3 haben wir schon angedeutet, dass Sie auch mit der Tastatur auf dem R/3-Bildschirm arbeiten können. Im Extremfall geht es auch ganz ohne Maus. In den meisten Fällen können Sie zwischen Maus und Tastatur wählen. Beachten Sie bitte unsere Hinweise für besondere Tas-ten, die für den R/3-Bildschirm wichtig sind:

Name	Verwendung
`Einfg` `INS`	Sie schalten hier den Einfügemodus ein und aus. Sie wechseln damit zwischen dem Einfügemodus (Insert) oder Überschreibe-modus (Overwrite). Nutzen Sie den Überschreibemodus.
`←` `→` `↑` `↓`	Die Cursortasten werden in R/3 allgemein üblich verwendet (links, rechts, auf, ab).
`⇥`	Mit der Tabulatortaste springen Sie von einem Eingabefeld zum nächsten Eingabefeld. Sie verwenden diese Taste auch beim Ändern Ihres Kennwortes, da Sie hier zweimal hintereinander eine gleichlautende Eingabe vornehmen müssen.
`Pos1`	Diese Taste bringt Sie an die erste Stelle des Eingabefeldes.
`Ende`	Diese Taste bringt Sie zur letzten Position des geschriebenen Textes.
`Bild↑` / `Bild↓`	Diese Tasten bringen Sie auf die vorhergehende bzw. auf die nachfolgende Bildschirmseite.
`Alt`	Mit dieser Taste wechseln Sie in die Menüleiste.
`Esc`	Diese Taste entspricht der Funktion »Return« und bringt Sie auf die nächsthöhere Menüebene. Zusatzfenster können Sie mit ESC verlassen.

Wichtige Tasten

Tabelle 4.2 Wichtige Tastaturbelegungen für den R/3-Bildschirm

Die Funktionstasten für R/3

Wir wollen Sie auch auf die Funktionstasten, ebenfalls sehr wichtige Tasten, aufmerksam machen. Standardtastaturen haben maximal 24 Funktionstasten. Sie werden vermutlich 12 Funktionstasten auf Ihrer Tastatur sehen. Die Funktionstasten sind doppelt belegt, das heißt, die Funktionstasten 13 bis 24 rufen Sie durch das zusätzliche Bedienen der Umschalttaste auf. Sie benötigen für die Funktionstaste 13 also die Tastenkombination `⇧` `F1`.

Einige Funktionstasten wurden von der SAP AG mit bestimmten Funktionen vorbelegt. Diese können Sie nicht ändern. Tabelle 4.3 fasst die Funktionstasten und ihre Verwendung zusammen:

Vorbelegungen

Funktionstaste	Beschreibung
`F1`	Hilfe/Onlinedokumentation zu einem Feld
`F2`	Auswählen (Eintrag einer Liste)
`F3`	Zurück zum vorhergehenden R/3-Fenster (Back)
`F4`	Anzeigen der Eingabemöglichkeiten zu einem Feld
`F11`	Sichern bzw. Verbuchen von Eingaben
`F12`	Abbrechen der Bearbeitung ohne Sichern

Wichtige Funktionstasten

Funktionstaste	Beschreibung
F14	Löschen eines bestehenden Eintrages
F15	Beenden einer Anwendung (Return)
F21	Blättern zur ersten Seite einer Liste
F22	Blättern in einer Liste zur vorhergehenden Seite
F23	Blättern in einer Liste zur folgenden Seite
F24	Blättern zur letzten Seite einer Liste

Tabelle 4.3 Funktionstasten für R/3

Sie können sich über die aktuelle Belegung der Funktionstasten informieren. Dies ist wichtig, da die Funktionstasten, je nachdem, in welchem R/3-Bildschirm Sie sich befinden, unterschiedlich belegt sein können. Sie verwenden hierzu die Tastenkombination Alt F *oder die rechte Maustaste.*

TIPP

Die meisten PC-Tastaturen haben nur noch 12 Funktionstasten. Ab der 13. Funktionstaste geht das Raten dann oft los. Machen Sie es sich einfach: Denken Sie an die Uhrzeit. Die Funktionstaste F17 *erreichen Sie über die Tastenkombination* ⇧ F5 *(nachmittags fünf Uhr).*

Mit der Kommandoeingabe statt mit dem R/3-Menü arbeiten

Für diese Arbeitstechnik müssen Sie zwei Dinge wissen. Zunächst müssen Sie daran denken, dass sich das Kommandofeld links oben im R/3-Bildschirm befindet. Dann werfen Sie bitte nochmals einen Blick auf die Abbildung 4.1. Wie Sie gut erkennen können, ist in jeder Zeile eines Menüeintrags ein Buchstabe unterstrichen. Beginnend mit einem ».« geben Sie diese Buchstaben in das Kommandofeld ein und bestätigen Ihre Eingaben mit Datenfreigabe. Bezogen auf unser Beispiel können Sie mit der Eingabe ».LMM« die Pflege von Materialstammdaten aufrufen.

4.3 Mit mehreren Fenstern arbeiten

In PC-Anwendungen ist es heute gängige Praxis, dass Sie mehrere Bearbeitungsmodi parallel verwenden können. In Winword® können Sie beispielsweise zwei Textdateien parallel bearbeiten.

Wir könnten Ihnen viele Beispiele nennen, die zeigen, dass das Arbeiten **Beispiele**
mit mehreren parallelen Fenstern sinnvoll sein kann:

- Sie buchen eine Eingangsrechnung (Modus 1) und wollen sich bei
  der Gelegenheit kurz über die offenen Posten des Kreditors informieren (Modus 2).

- Sie buchen einen Warenausgang (Modus 1) und wollen sich zusätzlich davon überzeugen, dass Sie den richtigen Innenauftrag belasten
  (Modus 2).

Normalmodus

Direkt nach der Anmeldung in R/3 ist für Ihren SAP-Benutzer ein Modus, der »Normalmodus«, geöffnet. Dieser Normalmodus wird Ihnen in
den meisten Fällen für das Tagesgeschäft genügen.

Neuen Modus öffnen

Über den Menüpfad SYSTEM / ERZEUGEN MODUS können Sie mehrere,
maximal acht weitere, R/3-Bildschirme öffnen.

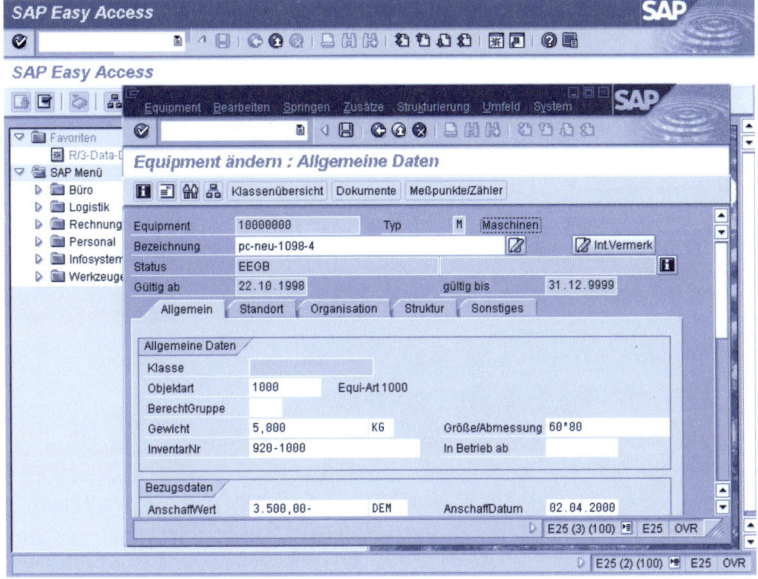

Abbildung 4.3
Zwei R/3-Bildschirme
sind geöffnet
© SAP AG

Zwischen Modi wechseln

Mit der Tastenkombination [Alt] [⇆] wechseln Sie zwischen diesen
Modi.

Modus schließen

Das Schließen eines zusätzlichen Modus ist ebenfalls sehr einfach. Achten Sie darauf, dass der Modus, den Sie schließen möchten, aktiv ist.

Rufen Sie jetzt den Menüpfad SYSTEM / LÖSCHEN MODUS auf. Alternativ können Sie den R/3-Bildschirm über das Kreuzsymbol rechts oben in der Ecke schließen.

Befehle im Überblick

Wenn Sie mehrere R/3-Bildschirme parallel offen halten, so können Sie auch parallel in verschiedenen betriebswirtschaftlichen Vorgängen arbeiten. Tabelle 4.4 zeigt die wichtigen Befehle, die Sie für das Arbeiten mit mehreren R/3-Bildschirmen kennen sollten:

Wichtige Befehle

Aktion	Menüpfad
Neuen Modus öffnen	SYSTEM / ERZEUGEN MODUS. Entsprechendes Symbol aus der Symbolfunktionsleiste.
Zwischen den Modi wechseln	Kein Menüpfad. Verwenden Sie die Tastenkombination Alt , um zwischen den Modi zu wechseln.
Modus schließen	SYSTEM / LÖSCHEN MODUS.

Tabelle 4.4 Befehle für das Arbeiten mit mehreren Modi

TIPP

Achten Sie darauf, nur so viele Modi geöffnet zu halten, wie es für Ihre Arbeit sinnvoll und nützlich ist. Zu viele Modi stören manchmal. Es gilt also »Weniger ist mehr«. Außerdem vermeiden Sie so unnötige Systembelastungen, denn das R/3-System betrachtet jeden geöffneten R/3-Bildschirm als eigenständigen SAP-Benutzer.

4.4 In einem Fenster blättern

Sie werden R/3-Bildschirme kennen lernen, die Ihnen nicht auf Anhieb alle Bildschirminhalte zeigen. Der SAPGUI, also die grafische Oberfläche erkennt, dass nicht alle Bildschirmhalte angezeigt werden können und organisiert Bildlaufleisten, die gelegentlich auch als »Scrollbalken« bezeichnet werden.

- Eine Bildlaufleiste werden Sie am rechten Rand des R/3-Bildschirms mit senkrechtem Verlauf sehen.

- Einen Bildlaufleiste werden Sie am unteren Rand des R/3-Bildschirms mit waagrechtem Verlauf sehen.

Beachten Sie, dass sich die SAP AG darum bemüht, weitgehend ohne Bildlaufleisten auszukommen. Sie werden in der Praxis gelegentlich noch die senkrechte Bildlaufleiste finden, die waagrechte Bildlaufleiste gibt es ab Release 4.0B so gut wie nicht mehr.

Für unser Beispiel rufen wir die Funktion KOSTENSTELLE ANZEIGEN auf. **Beispiel**
Der Menüpfad hierzu lautet: RECHNUNGSWESEN / CONTROLLING / KOS-
TENSTELLEN / STAMMDATEN / KOSTENSTELLE / EINZELBEARBEITUNG / AN-
ZEIGEN. Wir haben eine Kostenstelle im Einstiegsbild der Funktion aus-
gewählt und mit Datenfreigabe in den R/3-Bildschirm gewechselt. Sie
sehen diesen in Abbildung 4.4.

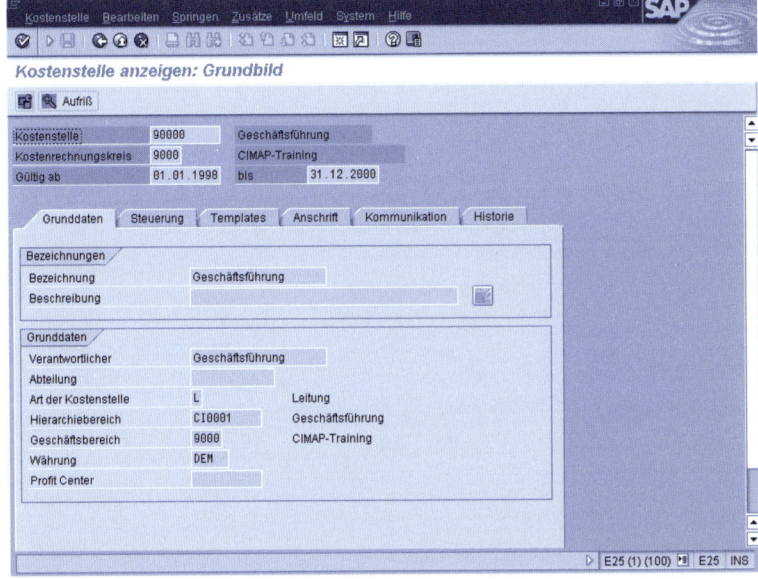

Abbildung 4.4
Kostenstelle anzeigen –
Beispiel für eine
Bildlaufleiste
©SAP AG

Bildlaufleiste verwenden

Sie verwenden die Bildlaufleiste, wie Sie es aus anderen PC-Anwendungen kennen: Setzen Sie die Maus auf die Leiste, halten Sie die linke
Maustaste fest und ziehen Sie in die gewünschte Richtung.

Bildlauftasten verwenden

Sie können auch zwei bestimmte Tasten Ihrer PC-Tastatur verwenden,
um innerhalb eines R/3-Bildschirms zu blättern:

- Verwenden Sie die [Bild ↑] -Taste, um nach oben zu blättern.

- Verwenden Sie die [Bild ↓] -Taste, um nach unten zu blättern.

Kapitel 5

SAP Easy Access

SAP® Easy Access ist für SAP-Benutzer gedacht, die nur gelegentlich mit R/3® arbeiten, oder die – so wie Sie – zu den R/3-Einsteigern gehören. Wenn Sie mit Easy Access arbeiten,

- sehen Sie das SAP-Menü oder ein individuelles Benutzermenü als Baumstruktur im linken Teil des R/3-Fensters,

- können Sie betriebswirtschaftliche Funktionen, die Sie häufig benötigen, in die Liste der FAVORITEN aufnehmen,

- brauchen Sie keine Transaktionen zu kennen.

Berechtigungen

Auch wenn Sie das gesamte SAP-Menü sehen, können Sie natürlich nur diejenigen betriebswirtschaftlichen Funktionen ausführen, für die Ihr SAP-Benutzer berechtigt ist. Der Benutzeradministrator verwaltet SAP Easy Access über »Aktivitätsgruppen«.

Dynamisches Menü (bis Release 4.5)

SAP Easy Access ersetzt ab Release 4.6 das »dynamische Menü«, von dem Sie vielleicht aus früheren Releases schon gehört haben. Auch dort war es möglich, das SAP-Menü in einer Baumstruktur anzeigen zu lassen und eigene Favoriten zu ergänzen.

5.1 So sieht SAP Easy Access aus

Kopfbereich Abbildung 5.1 zeigt Ihnen ein Beispiel für SAP Easy Access. Der Kopfbereich des R/3-Bildschirms sieht aus wie immer und beinhaltet die verschiedenen Leisten, wie Sie es in Kapitel 3 kennen gelernt haben:

- Menüleiste

- Systemfunktionsleiste

- Titelleiste

- Anwendungsfunktionsleiste

Abbildung 5.1
So sieht SAP Easy
Access aus
© SAP AG

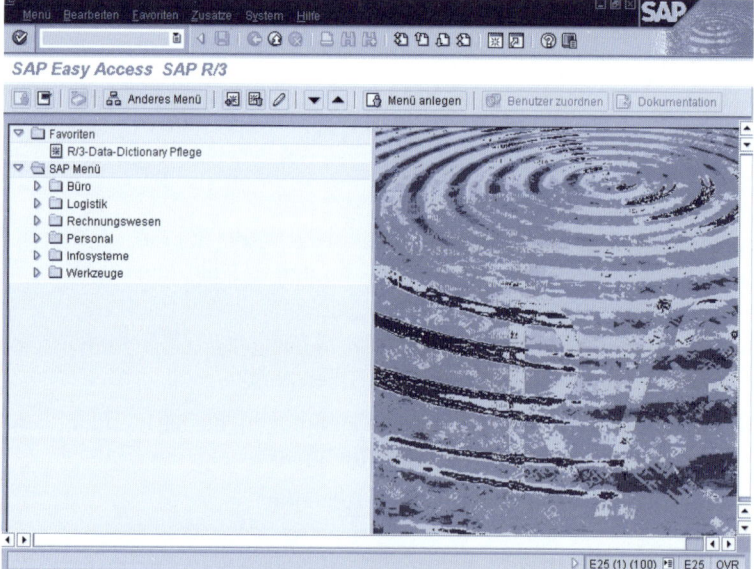

Hauptfläche Die Hauptfläche des R/3-Bildschirms ist jetzt zweigeteilt. Sie besteht aus einem linken und einem rechten Bereich:

- Im linken Teil sehen Sie das SAP-Menü in einer »Baumstruktur«.

- Im rechten Teil sehen Sie eine Grafik, bzw. später führen Sie in diesem Teil des R/3-Bildschirms beliebige betriebswirtschaftliche Funktionen aus.

Baumstruktur

In Kapitel 3 haben wir Ihnen das SAP-Menü vorgestellt. Es besteht aus folgenden betriebswirtschaftlichen und funktionalen Blöcken:

- Büro

- Logistik

- Rechnungswesen

- Personal

- Infosysteme

- Werkzeuge

Die Baumstruktur beinhaltet diese Blöcke ebenfalls, nur eben in einer anderen optischen Darstellung. Inhaltlich gibt es keine Unterschiede zwischen dem SAP-Menü und der Baumstruktur.

SAP-Menü = Baumstruktur

Favoritenliste

Die Baumstruktur hat für Sie dennoch gewisse Vorteile, denn Sie können die Baumstruktur um Ihre »Favoriten« ergänzen. In Abbildung 5.1 ist dies gut zu erkennen. Die Favoriten werden ganz oben, bevor das eigentliche SAP-Menü erscheint, angezeigt. Wie der Name »Favoritenliste« schon sagt, kann jeder SAP-Benutzer für sich selbst diejenigen betriebswirtschaftlichen Funktionen in einer eigenen Baumstruktur zusammenstellen, die genau auf seine Anforderungen abgestimmt sind.

Favoriten

Beachten Sie, dass Sie sich in jedem Mandanten unterschiedliche Favoritenlisten einrichten können. Die Favoritenliste kann nur von Ihnen gepflegt und verwendet werden.

Regeln

5.2 So bewegen Sie sich in der Baumstruktur

Innerhalb der Baumstruktur bewegen Sie sich hauptsächlich mit der Maus. Betrachten Sie nochmals die Abbildung 5.1. Links neben dem jeweiligen Menü sehen Sie einen kleinen Pfeil. Diesen können Sie mit dem Mausklick aufklappen oder zuklappen. Abbildung 5.2 zeigt eine geöffnete Baumstruktur.

Mausklick

Öffnen Sie die Baumstruktur vollständig, bis Sie sich an einer Stelle befinden, an der Sie eine konkrete betriebswirtschaftliche Funktion, nämlich AUFTRAG ANLEGEN*, ausführen können. Jetzt haben Sie drei Alternativen, um die Funktion zu starten:*

▶ *Positionieren Sie den Cursor auf der gewünschten betriebswirtschaftlichen Funktion und verwenden Sie den »Doppelklick«.*

▶ *Positionieren Sie den Cursor auf der gewünschten betriebswirtschaftlichen Funktion und verwenden Sie die* ↵ *-Taste.*

Checkliste

▷ *Positionieren Sie den Cursor auf der gewünschten betriebswirtschaftlichen Funktion und wählen Sie jetzt aus der Menüleiste: BEARBEITEN / AUSFÜHREN.*

Abbildung 5.2
Geöffnete Baumstruktur
im SAP Easy Access
© SAP AG

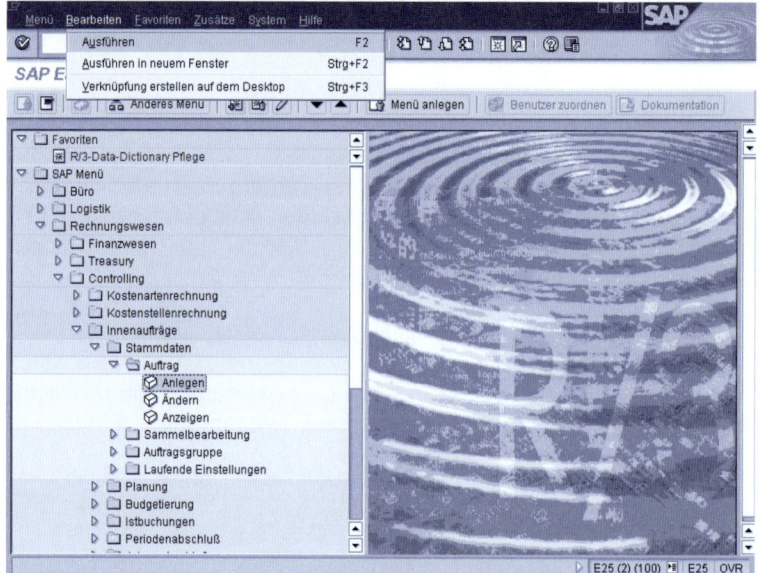

 *Denken Sie daran, dass Sie die gewünschte betriebswirtschaftli-
che Funktion auch in einem neuen Modus (Alternativmodus) ausführen können. Gehen Sie wie folgt vor:*

▷ *Positionieren Sie den Cursor auf der gewünschten betriebswirtschaftlichen Funktion.*

▷ *Wählen Sie aus der Menüleiste die Optionen BEARBEITEN /
AUSFÜHREN IN NEUEM FENSTER.*

TIPP *Denken Sie an die rechte Maustaste. Die wichtigsten Befehle und
Funktionen, die Sie in der Baumstruktur benötigen, können Sie
über die rechte Maustaste abfragen. Diese Möglichkeit bezeichnen wir auch als »Kontextmenü«.*

5.3 So stellen Sie SAP Easy Access ein

In Abbildung 5.1 sehen Sie SAP Easy Access so, wie es die SAP AG im Standard eingestellt hat. Diese optische Darstellung können Sie beeinflussen und an Ihre Bedürfnisse anpassen. Abbildung 5.3 zeigt das Einstellungsmenü. Was Sie hier verändern können, ist leicht zu erkennen.

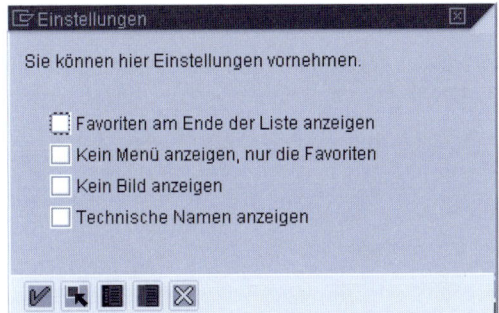

Abbildung 5.3
SAP Easy
 Access einstellen
© SAP AG

So ändern Sie die Einstellungen

In der Menüleiste finden Sie den Menüpunkt ZUSÄTZE. Rufen Sie dieses Menü auf und wählen Sie anschließend die Funktion EINSTELLUNGEN. Wenn Sie die Einstellungen so vorgenommen haben, wie Sie es wollen, bestätigen Sie Ihre Eingabe mit der ⏎ -Taste. Wenn Sie lieber doch nichts ändern möchten, verwenden Sie das Symbol ⊠, um diese Bearbeitungsfunktion abzubrechen.

> *Wenn Sie die Option KEIN BILD ANZEIGEN wählen, so verschwindet die Grafik im rechten Teil des Hauptfelds im R/3-Bildschirm.*

> *Wenn Sie die Option TECHNISCHE NAMEN ANZEIGEN wählen, so werden Ihnen die Namen der Transaktionen angezeigt. Dies ist wichtig, wenn Sie eine betriebswirtschaftliche Funktion in Ihre Favoritenliste einfügen wollen.*   **TIPP**

5.4 So pflegen Sie Ihre Favoriten

Für die Pflege der Favoritenliste sind Sie ganz persönlich zuständig. Sie können in Ihre Favoritenliste Transaktionen, Dateien und Web-Adressen einbinden. Die Favoritenliste ist an den Mandanten gebunden. Sie können also in verschiedenen Mandanten mit verschiedenen Favoritenlisten arbeiten.

Das Einfachste: Drag&Drop

Am Einfachsten erweitern Sie Ihre Favoritenliste über »Drag&Drop«. Sie kennen dieses Vorgehen vielleicht aus anderen PC-Anwendungen.

Checkliste

1. Öffnen Sie die Baumstruktur bis an die Stelle, die Sie in die Favoritenliste übernehmen wollen.

2. Markieren Sie diese Position mit der Maus und halten Sie die linke Maustaste gedrückt.

3. Ziehen Sie jetzt diesen Eintrag bis genau an diejenige Stelle in der Favoritenliste, wo der Eintrag eingefügt werden soll.

4. Lassen Sie die linke Maustaste los. Die Favoritenliste wurde entsprechend erweitert.

So fügen Sie eine Transaktion ein

Wenn Sie eine Transaktion in die Favoritenliste einfügen wollen, müssen Sie natürlich erst einmal wissen, wie diese Transaktion heißt. Sobald Sie den Transaktionscode wissen, können Sie die Favoritenliste ergänzen. Es sind also zwei Schritte erforderlich:

1. Zuerst ermitteln Sie den Transaktionscode.

2. Dann ergänzen Sie die Favoritenliste.

Transaktionscode ermitteln

Den Namen einer Transaktion können Sie auf verschiedene Weise ermitteln. Sie haben mehrere Alternativen:

1. Ändern Sie die Einstellungen für SAP Easy Access so, dass Sie die technischen Namen sehen. Wie das geht, haben wir in Absatz 5.3 erklärt.

2. Öffnen Sie das SAP-Menü bis auf die Ebene der ausführbaren betriebswirtschaftlichen Funktionen. Über das Menü SYSTEM / STATUS können Sie den Namen der Transaktion abfragen. Ausführliches hierzu finden Sie in Kapitel 11.

Transaktion einfügen

In unserem Beispiel wollen wir die Transaktion für das Anzeigen von Innenaufträgen in der Favoritenliste ergänzen. Der Transaktionscode heißt »KO03«. Abbildung 5.4 zeigt das Fenster, in dem Sie den Transaktionscode eintragen müssen.

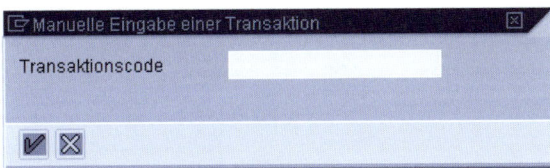

Abbildung 5.4
Transaktion in die
Favoritenliste einfügen
© SAP AG

Checkliste

Wenn Sie eine Transaktion in die Favoritenliste einfügen wollen, müssen Sie zunächst den Transaktionscode kennen. Sobald dieser bekannt ist, führen Sie folgende Schritte aus:

▶ *Rufen Sie aus der Menüleiste den Punkt FAVORITEN auf.*

▶ *Wählen Sie dann TRANSAKTION EINFÜGEN.*

▶ *Es wird das Fenster, wie in Abbildung 5.4 gezeigt, eingeblendet. Hier tragen Sie den Transaktionscode ein. Bestätigen Sie Ihre Eingabe mit der ⏎ -Taste.*

Wenn Sie diese Vorgehensweise befolgen, wird die Transaktion am Ende der Favoritenliste eingefügt.

So fügen Sie Dateien und Web-Adressen ein

Die Vorgehensweise für das Ergänzen von Dateien und Web-Adressen ist ähnlich wie für Transaktionen. Zunächst müssen Sie natürlich die relevanten Namen ermitteln. Abbildung 5.5 zeigt das Fenster, das Sie hierfür benötigen.

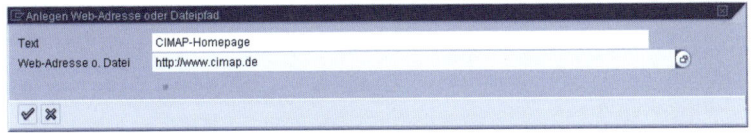

Abbildung 5.5
Datei oder Web-Adresse
in SAP Easy Access
einstellen
© SAP AG

Checkliste

Sobald der Name der Datei oder die Web-Adresse bekannt ist, können Sie Ihre Favoritenliste ergänzen. Führen Sie folgende Schritte aus:

▶ *Rufen Sie aus der Menüleiste den Punkt FAVORITEN auf.*

▶ *Wählen Sie dann WEB-ADRESSE ODER DATEI EINFÜGEN.*

▶ *Es wird das Fenster, wie in Abbildung 5.5 gezeigt, eingeblendet. Hier tragen Sie Ihre Informationen ein. Ergänzen Sie einen aussagefähigen Text. Bestätigen Sie Ihre Eingabe mit der ⏎ -Taste.*

Die Datei oder die Web-Adresse wird an das Ende der Favoritenliste angehängt. Machen Sie bitte vollständige Angaben. Damit meinen wir, dass Sie das Dateiverzeichnis bzw. die Web-Adresse vollständig eintragen müssen. Abbildung 5.5 zeigt ein korrektes Beispiel.

5.5 So verwalten Sie Ihre Favoriten

Im vorausgehenden Absatz haben Sie gelernt, wie Sie Ihre Favoritenliste ergänzen. Dabei ist Ihnen sicher aufgefallen, dass neue Einträge in der Favoritenliste meistens an das Ende der Liste angefügt werden. Dies ist jedoch nicht immer praktisch. Sie müssen also die Favoritenleiste verwalten können.

Verwaltungs-funktionen Zu den Verwaltungsfunktionen gehören im Einzelnen:

- das Strukturieren der Favoritenliste durch »Ordner«,

- das Verschieben von Favoriten und Ordnern,

- das Umbenennen von Favoriten und Ordnern und

- das Löschen von Favoriten und Ordnern.

Wichtigstes Hilfsmittel für das Verwalten der Favoriten ist der Menüpunkt FAVORITEN. Sie sehen diesen in der Menüleiste. Abbildung 5.6 zeigt die Funktionen, die Ihnen zur Verfügung stehen.

Abbildung 5.6
Favoriten verwalten –
Funktionen der
Menüleiste
©SAP AG

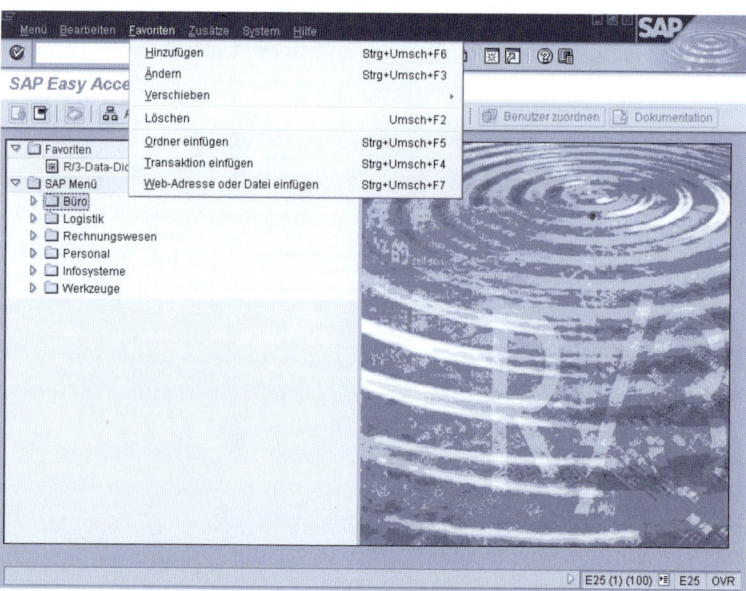

Die Handhabung dieser Verwaltungsfunktionen ist einfach und weitgehend selbstsprechend. Sie gehen so vor, wie Sie es aus anderen PC-Anwendungen und aus dem Microsoft® Explorer® kennen.

Denken Sie an die Möglichkeiten der linken und rechten Maus-taste. Die rechte Maustaste zeigt Ihnen das »Kontextmenü« und ist besonders für R/3-Einsteiger ein wichtiges Hilfsmittel.

Kapitel 6

So geben Sie die ersten Daten ein

In diesem Kapitel erklären wir anhand eines durchgängigen Beispiels, welche Handgriffe Sie für das Bearbeiten von betriebswirtschaftlichen Vorgängen benötigen. Das Beispiel stammt aus dem Controlling. Es wird ein neuer Innenauftrag benötigt. Auf diesem Innenauftrag sollen die Entwicklungskosten für ein bestimmtes Forschungsvorhaben gesammelt werden. Wir werden in diesem Kapitel gemeinsam den hierfür erforderlichen Stammsatz eröffnen.

Als wichtigsten Begriff führen wir in diesem Kapitel das »Eingabefeld« ein. Felder bestehen ganz allgemein aus einem Feldnamen und aus den Felddaten. Diese Felddaten sind beispielsweise eine Auftragsart, die Nummer des Buchungskreises oder des Geschäftsbereichs. Diese Felddaten werden in die Eingabefelder hineingeschrieben. **Eingabefeld**

Außer den Eingabefeldern gibt es in R/3 noch »Anzeigefelder«. In Anzeigefeldern können Sie keine Daten eingeben. **Anzeigefelder**

6.1 Eine R/3-Anwendung starten

Die Stammdatenpflege für Innenaufträge gehört zum Controlling. Als Erstes müssen Sie also die richtige Pflegefunktion für Innenaufträge finden. Hierzu haben Sie mehrere Möglichkeiten:

- Sie navigieren über mehrere Menüebenen hindurch, bis Sie die Funktion AUFTRAG ANLEGEN finden.

- Sie verwenden die Suchfunktion von SAP® Easy Access. Als Suchbegriff können Sie beispielsweise den Begriff »Auftrag« verwenden.

So rufen Sie eine R/3-Anwendung auf

Checkliste

Wir werden in diesem Beispiel mit dem SAP®-Anwendermenü arbeiten. Führen Sie bitte die nachfolgenden Schritte aus:

▶ *Melden Sie sich im R/3®-System an (vgl. Kapitel 2).*

▶ *Rufen Sie folgenden Menüpfad auf: RECHNUNGSWESEN / CONTROLLING / AUFTRÄGE.*

▶ *Sie sind jetzt im Arbeitsgebiet »Innenaufträge«.*

▶ *Rufen Sie folgenden Menüpfad auf: STAMMDATEN / AUFTRAG / ANLEGEN.*

Wie Sie später noch kennen lernen werden, gibt es weitere Möglichkeiten, eine R/3-Anwendung aufzurufen, als die hier genannte. Doch der hier beschriebene Weg funktioniert immer und Sie sollten sich diese Arbeitsweise so angewöhnen.

6.2 Einstiegsbild und Detailbild

Arten von R/3-Bildschirmen

Zu einem betriebswirtschaftlichen Vorgang gehören in der Regel zwei Arten von R/3-Bildschirmbildern. Es wird zwischen einem Einstiegsbild und mehreren Detailbildern unterschieden.

Einstiegsbild

Abbildung 6.1 zeigt das Einstiegsbild für den betriebswirtschaftlichen Vorgang »Innenauftrag anlegen«. In einem Einstiegsbild werden üblicherweise »Selektionen« oder »Parameter« eingegeben, welche die nachfolgenden Bearbeitungsmöglichkeiten beeinflussen. In R/3 werden die Aufträge nach Auftragsarten unterteilt. In unserem Falle wählen wir die Auftragsart »0100« und bestätigen die Eingabe mit Datenfreigabe.

Weitere Beispiele

Das Einstiegsbild sieht für jede betriebswirtschaftliche Funktion anders aus. Noch ein paar Beispiele hierzu:

- Im Einstiegsbild für die Pflege einer Kostenart müssen Sie die Nummer der Kostenart und einen Gültigkeitszeitraum eingeben.

- Im Einstiegsbild für die Pflege von einem Materialstammsatz müssen Sie die »Materialart« auswählen.

- Im Einstiegsbild einer Buchungsfunktion für Eingangsrechnungen müssen Sie unter anderem Beleg- und Buchungsdatum sowie Beleg- art und Währung eingeben.

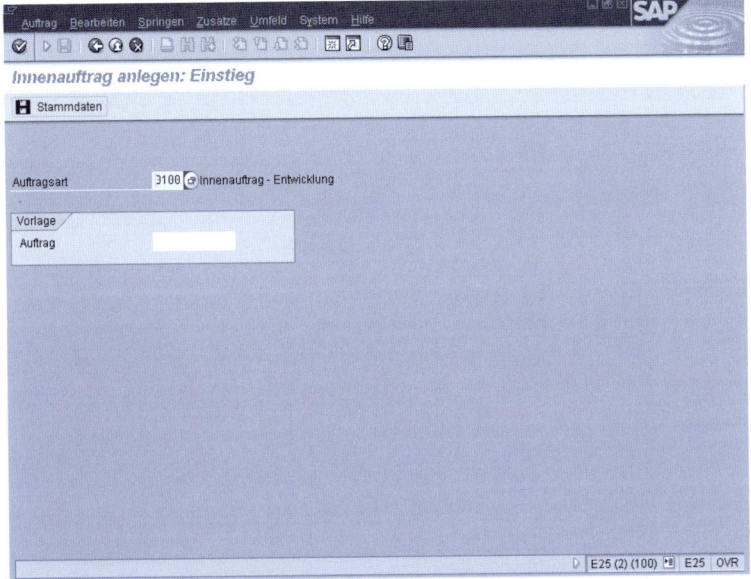

Abbildung 6.1
Innenauftrag anlegen –
Einstiegsbild
© SAP AG

Detailbild

Jetzt sind wir auf dem Detailbild der Stammdatenpflege für Innenauf- träge. Es sind hier einige Eingaben erforderlich. Abbildung 6.2 zeigt das Detailbild, auf dem Sie die Stammdaten für den Innenauftrag erfassen können.

Bevor wir Ihnen erklären, was Sie in diesem Detailbild alles tun können, noch ein paar grundsätzliche Anmerkungen: **Wissenswertes**

- Die Pflege der Stammdaten erstreckt sich über mehrere R/3-Bild- schirme. Welche das sind, erkennen Sie an den »Registerkarten«.

- In jedem R/3-Bildschirm kann es Symbole geben. In unserem Beispiel gibt es ein Symbol für das Erfassen eines Langtextes.

- Eingabefelder, in denen ein ☑ steht, sind »Mussfelder«. Hier müssen Sie etwas eingeben, sonst kann das R/3-System die erfassten Daten nicht speichern.

- In jedem Detailbild gibt es eine Symbolleiste, die wichtig für das Navigieren ist.

- In jedem Detailbild gibt es eine Menüleiste, die weitere Bearbeitungsmöglichkeiten anbietet.

- In jedem Detailbild gibt es eine Drucktastenleiste, die weitere Bearbeitungsmöglichkeiten anbietet.

Abbildung 6.2
Innenauftrag
anlegen – Detailbild
© SAP AG

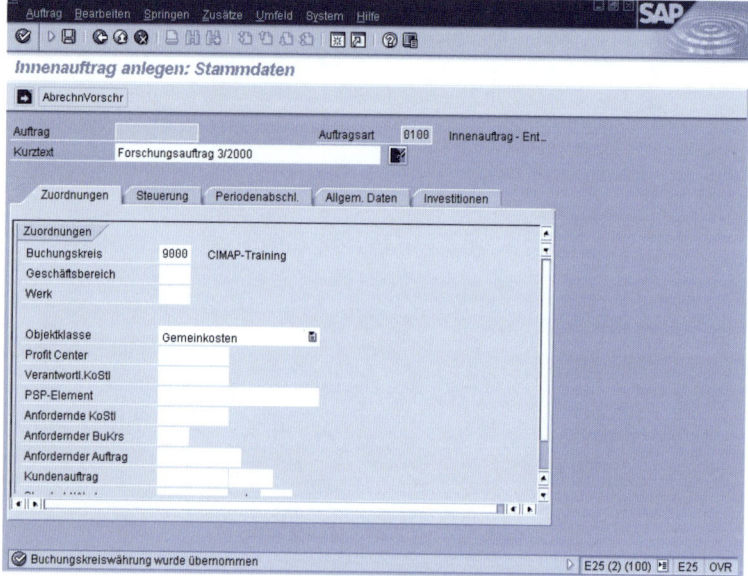

Beachten Sie, dass das R/3-System Ihnen mehrere Möglichkeiten anbietet, Bearbeitungsfunktionen aufzurufen. Diese verschiedenen Wege sind gleichwertig. Wie Sie in der Praxis vorgehen, bleibt Ihnen überlassen. Sie rufen Bearbeitungsmöglichkeiten auf über:

▶ *die Menüleiste*

▶ *die Symbolfunktionsleiste (Symbolleiste)*

▶ *die Anwendungsfunktionsleiste (Drucktastenleiste)*

▶ *die rechte Maustaste*

6.3 Den Cursor bewegen

Der R/3-Bildschirm zeigt das Detailbild des betriebswirtschaftlichen Vorgangs »Innenauftrag anlegen«. Abbildung 6.2 zeigt diese Darstellung. Der Cursor, gelegentlich auch als »Schreibmarke« bezeichnet, steht auf dem ersten Eingabefeld. Dies ist in unserem Beispiel das Feld »Kurztext«. Wenn Sie das Feld ausgefüllt haben, sollten Sie den Cursor auf das nächste Eingabefeld setzen.

So bewegen Sie den Cursor

Grundsätzlich haben Sie zwei Möglichkeiten, den Cursor auf einem R/3-Bildschirm zu bewegen:
▶ *Sie arbeiten mit der PC-Tastatur und verwenden daher die Tabulatortaste*  *.*
▶ *Sie arbeiten lieber mit der Maus und klicken mit dem Mauspfeil auf das nächste Eingabefeld.*

Checkliste

In der Praxis wird meistens mit der  *-Taste gearbeitet. Das ist für die Hände angenehmer, die dann nämlich auf der Tastatur liegen bleiben können, statt zwischen Tastatur und Maus zu wechseln. Wenn Sie zu weit gesprungen sind, sich also bereits auf dem übernächsten statt auf dem nächsten Eingabefeld befinden, dann verwenden Sie die Tastenkombination* *und springen ein Feld zurück.*

TIPP

Achten Sie darauf, innerhalb eines R/3-Bildschirms nicht mit der *Taste (Symbol ⊘) zu arbeiten. Denn mit der Datenfreigabe senden Sie die Daten an das R/3-System. R/3 prüft dann, ob die Eingaben richtig sind, und wechselt in den meisten Fällen auf das nächste Detailbild eines betriebswirtschaftlichen Vorgangs.*

TIPP

Standardmäßig ist das R/3-System so eingestellt, dass der Cursor automatisch in das nächste Eingabefeld springt, sobald die letzte Stelle des aktuellen Eingabefeldes erreicht wurde. Der »AutoTab« funktioniert also nur, wenn Sie ein Eingabefeld vollständig mit Zeichen gefüllt haben. Über das Layout-Menü und das Register CURSOR können Sie diese Funktion ein- und ausstellen.

Automatisch springen

6.4 Daten eingeben

In unserem Beispiel haben die Eingabefelder verschiedene Eigenschaften, so dass wir Ihnen die verschiedenen Möglichkeiten und Wege, wie Daten einzugeben sind, gut erklären können. Springen Sie mit der Tabulatortaste ⎡⇆⎤ zwischen den Feldern.

Kurztext

Im Kurztext beschreiben Sie den Zweck des Innenauftrags möglichst kurz und treffend. Sie können in dieses Feld beliebige Zeichen eingeben, Ihre Eingaben sind immer richtig.

Groß- und Kleinschreibung
Achten Sie in Textfeldern immer auf Groß- und Kleinschreibung. Aber nur weil's schöner aussieht, das R/3-System interessiert sich nämlich nicht für Groß- und Kleinschreibung.

Buchungskreis und Objektklasse

In diesen beiden Feldern steht schon etwas drin. Der Inhalt wurde aus einer Grundeinstellung im Customizing vorbelegt.

Vorschlagswerte
Für die Innenaufträge wird diese Vorbelegung in einem »Musterauftrag« vorgenommen. In der Praxis werden diese Vorschlagswerte von den Anwendern nicht geändert.

Geschäftsbereich und verantwortliche Kostenstelle

Durch eine weitere Vorbelegung im Customizing, nämlich der Bildauswahl, wurde festgelegt, dass der SAP-Benutzer in den Feldern »Geschäftsbereich« und »verantwortliche Kostenstelle« auf jeden Fall etwas eingeben muss.

Mussfelder
Diese Felder nennt man auch »Mussfelder«. Das R/3-System stellt sicher, dass Sie unseren Innenauftrag erst abspeichern können, wenn mindestens alle Mussfelder ausgefüllt wurden.

Werk, Profit Center, etc.

Kannfelder
Die weiteren Felder, wie Werk, Profit Center sind nicht mit einem Haken ☑ gekennzeichnet. Es ist daher nicht zwangsweise erforderlich, hier etwas einzugeben. Diese Felder werden auch als »Kannfelder« bezeichnet.

Die Eingaben müssen sinnvoll sein und das R/3-System prüft dies sehr kritisch. So müssen beispielsweise die R/3-Ordnungsbegriffe wie Buchungskreis und Geschäftsbereich im Customizing einge- richtet sein, sonst können Sie diese nicht verwenden. Zu der ver- antwortlichen Kostenstelle muss es einen gültigen Stammsatz im Controlling geben. In der Praxis ist es jedoch nicht möglich, sich alle Stamm- und Strukturdaten zu merken. In Kapitel 7 sagen wir Ihnen genau, wie Sie mit Suchhilfen (Matchcodes, Wertelisten) arbeiten.

6.5 Hilfsfunktion für Eingabefelder

Zu jedem Feld gibt es eine Hilfefunktion, die Sie über Sinn und Zweck des Feldes informiert. Die Hilfsfunktionen sind für R/3-Einsteiger wich- tig, aber auch erfahrene SAP-Benutzer sind häufig auf sie angewiesen.

So rufen Sie die Hilfsfunktion für ein Eingabefeld auf

Checkliste

Sie haben mehrere Möglichkeiten, die Hilfsfunktion für ein Ein- gabefeld aufzurufen. Hier die Schritte im Einzelnen:
▶ *Setzen Sie den Cursor auf das Eingabefeld, zu dem Sie Hilfe benötigen.*
▶ *Verwenden Sie die Funktionstaste* F1 *oder*
▶ *setzen Sie jetzt den Cursor auf das Symbol* ⑦ *in der Symbol- leiste.*

Beispiel

In Abbildung 6.3 sehen Sie den Hilfetext zum Feld »Geschäftsbereich«. Was Sie hier sehen, ist der Text aus dem SAP Dictionary. Im SAP Dictio- nary ist jedes Datenfeld für R/3 eindeutig definiert (Feldformat, Länge, etc.). Bestandteil einer Felddefinition ist auch ein Text zur betriebswirt- schaftlichen Bedeutung desselben. Es ist möglich, diesen SAP-Standard- text in Ihrem Haus durch einen eigenen Text zu ergänzen.

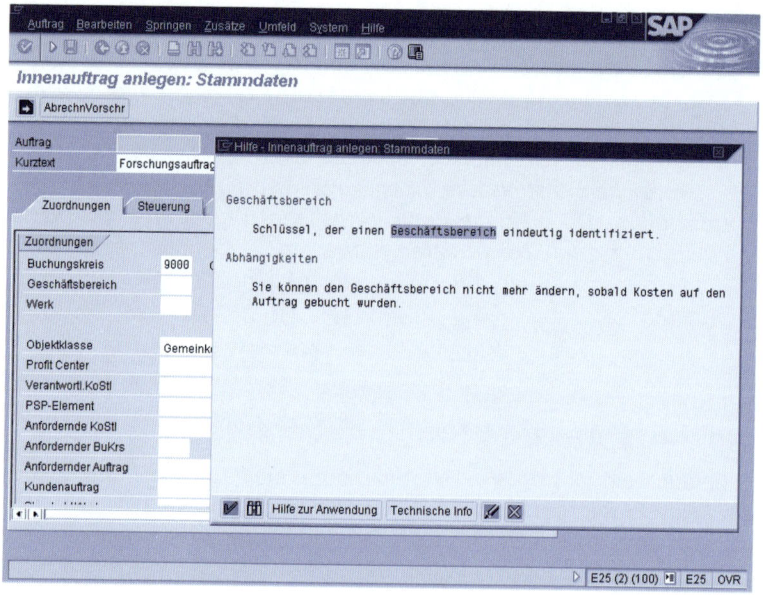

Abbildung 6.3
Hilfe zum Eingabefeld
»Geschäftsbereich«
© SAP AG

Auftrag Bearbeiten Springen Zusätze Umfeld System Hilfe

Innenauftrag anlegen: Stammdaten

AbrechnVorschr

Auftrag
Kurztext   Forschungsauftrag

Zuordnungen   Steuerung

Zuordnungen
Buchungskreis   9000
Geschäftsbereich
Werk

Objektklasse   Gemeink
Profit Center
Verantwortl.KoStl
PSP-Element
Anfordernde KoStl
Anfordernder BuKrs
Anfordernder Auftrag
Kundenauftrag

Hilfe - Innenauftrag anlegen: Stammdaten

Geschäftsbereich

Schlüssel, der einen Geschäftsbereich eindeutig identifiziert.

Abhängigkeiten

Sie können den Geschäftsbereich nicht mehr ändern, sobald Kosten auf den
Auftrag gebucht wurden.

Hilfe zur Anwendung   Technische Info

E25 (2) (100)   E25   OVR

6.6 Eingaben prüfen

Prüfen Sie, ob die eingegebenen Daten richtig sind. Beispielsweise
dann, wenn Sie die verantwortliche Kostenstelle eingetragen haben,
aber nicht sicher sind, ob die Nummer stimmt. Spätestens, wenn Sie den
Datensatz speichern wollen, prüft das R/3-System sowieso, ob alles
stimmt.

So prüfen Sie Ihre Eingaben

Checkliste

*Am einfachsten prüfen Sie Ihre Eingaben mit der ⏎ -Taste. Al-
ternativ können Sie natürlich auch das entsprechende Symbol ✅
in der Symbolleiste verwenden.*

Was tun bei fehlerhaften Eingaben?

Wenn ein Eingabefehler vorliegt, zeigt das R/3-System in der Statusleiste eine entsprechende Fehlermeldung.

Beispiel   In Abbildung 6.4 haben wir eine Fehlermeldung provoziert. Wir haben
eine ungültige Nummer für einen Geschäftsbereich eingetragen. Lesen
Sie den Text der Fehlermeldung.

Es handelt sich um eine Systemnachricht mit Meldungstyp »Abbruch«,
also um einen Error. Der Fehlertext ist selbstsprechend. Mit einem Doppelklick auf der Statusleiste können Sie sich weitere Detailinformatio-
nen, also einen Langtext zu der Fehlermeldung zeigen lassen.

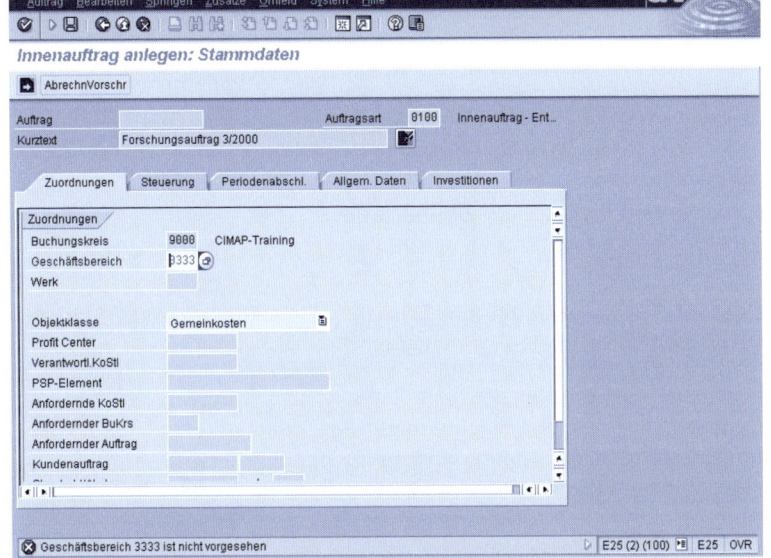

Abbildung 6.4
Fehlermeldung wegen
ungültiger Eingabe
© SAP AG

Wie Sie mit der Statusleiste und mit den Systemnachrichten arbeiten, haben wir Ihnen in Kapitel 3 vorgestellt. Beachten Sie besonders die Meldungstypen, die wir in Tabelle 3.9 für Sie zusammengestellt haben.

6.7 Eingaben sichern

Das R/3-System kann den neuen Auftragsstammsatz nur speichern, wenn folgende beide Anforderungen erfüllt sind:

- Die Eingaben müssen vollständig sein, das heißt, es sind mindestens die Mussfelder gefüllt.

- Die Eingaben müssen sachlich richtig sein, beispielsweise muss der Geschäftsbereich im Customizing eingerichtet sein und für die verantwortliche Kostenstelle gibt es einen Stammsatz im Controlling.

So sichern Sie Ihre Eingaben

Checkliste

> *Wenn Sie Ihre Eingaben sichern wollen, so können Sie das auf zwei verschiedenen Wegen tun:*
> ▷ *Verwenden Sie das entsprechend Symbol* 🖫 *in der Symbolleiste.*
> ▷ *Verwenden Sie die Funktionstaste* `F11`.

Das R/3-System bestätigt Ihre Eingaben. Sie erkennen in der Statusleiste eine entsprechende Systemmeldung.

Beispiel   Zum Abschluss unseres Beispiels zeigen wir in Abbildung 6.5 diese Systemnachricht. Da für die Innenaufträge der hier verwendeten Auftragsart »0100« die interne Nummernvergabe im Customizing festgelegt wurde, informiert uns das R/3-System gleichzeitig über die Auftragsnummer »100020«.

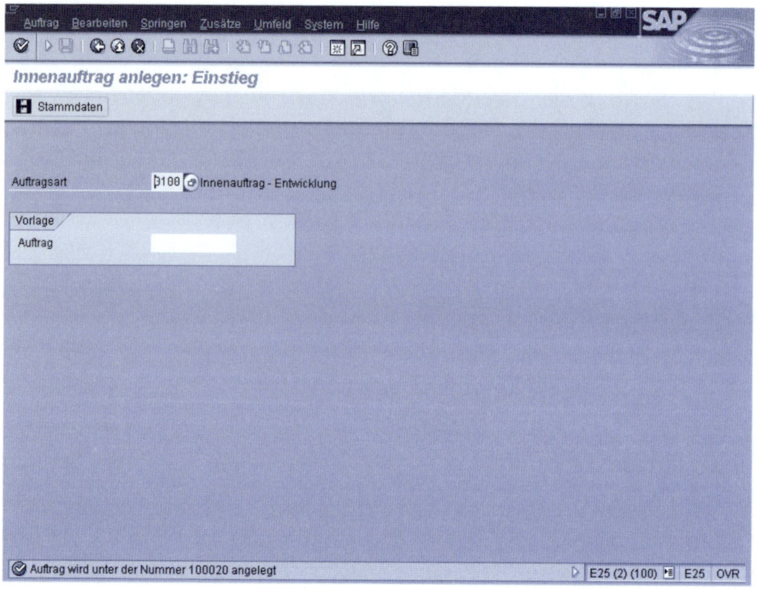

Abbildung 6.5
Innenauftrag wurde
erfolgreich angelegt
© SAP AG

Kapitel 7

Gültige Werte suchen

Sie haben in den vorausgehenden Kapiteln einige Möglichkeiten für das Arbeiten mit dem R/3®-Bildschirm kennen gelernt. Die Eingaben, die wir bislang vorgenommen haben, setzten voraus, dass wir, bzw. dass Sie als R/3-Einsteiger ganz genau wissen, welcher Wert überhaupt gültig ist. In der Praxis ist dies natürlich kaum möglich, denn es wird auch in Ihrer Firma Hunderte, wenn nicht Tausende Lieferanten, Materialien, Kostenstellen etc. geben. Und wer hat schon die R/3-Ordnungsbegriffe auswendig parat?! Wir zeigen Ihnen in diesem Kapitel, wie Sie für ein Eingabefeld herausfinden, welche Werte Sie eingeben können.

Es geht uns also um die »gültigen Feldwerte«. Diese zu kennen ist wichtig, da das R/3-System sowieso jede Eingabe daraufhin prüft, ob sie zulässig ist. Und bevor Sie hin und her raten, sollten Sie gezielt nach gültigen Werten suchen können.

Gültige Werte

Wir stellen Ihnen die Möglichkeiten, nach gültigen Werten zu suchen, anhand eines Beispiels vor. Und zwar verwenden wir die betriebswirtschaftliche Funktion »Innenauftrag anlegen«, die wir schon in Kapitel 6.2 verwendet haben.

Unser Beispiel

7.1 Wissenswertes

In Abbildung 7.1 sehen Sie das Detailbild, das Sie pflegen müssen, wenn Sie einen neuen Innenauftrag (R/3-Modul CO) einrichten wollen. Sie gelangen in diese betriebswirtschaftliche Funktion auf unterschiedlichen Wegen.

Funktion aufrufen Menüpfad oder SAP® Easy Access: RECHNUNGSWESEN / CONTROLLING / INNENAUFTRÄGE / STAMMDATEN / AUFTRAG / ANLEGEN. In einem Einstiegsbild, das wir hier nicht zeigen, geben Sie noch die Auftragsart »0100« ein, dann bedienen Sie die »Datenfreigabe«-Taste. Sie befinden sich jetzt auf dem richtigen R/3-Bildschirm.

Abbildung 7.1
Innenauftrag anlegen –
Detailbild
© SAP AG

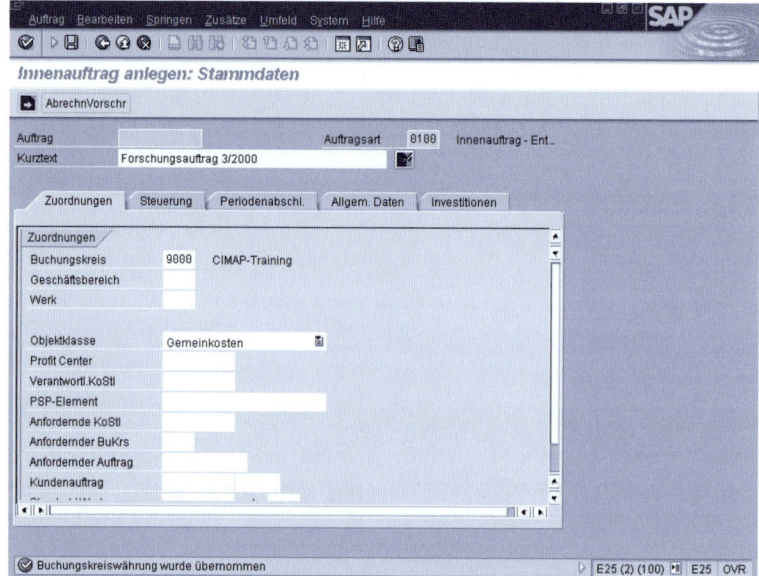

Sie können natürlich auch direkt die Transaktion »KO01« über das Kommandofeld oder über Ihre Favoritenliste aufrufen.

Sie sehen die Registerkarte ZUORDNUNGEN. Die Eingabefelder, die hier zu pflegen sind, werden vom R/3-System nur akzeptiert, wenn der jeweils eingegebene Wert »gültig« ist. Was heißt das genau? Es heißt, dass der Eingabewert

▶ *entweder im Customizing als Parameter vorhanden sein muss, oder*

▶ *dass es irgendwo in R/3 einen gültigen Stammsatz gibt, oder*

▶ *dass alles gültig ist, weil nichts geprüft wird.*

Eingabefelder für Parameter aus dem Customizing

Einige der Zuordnungen, die in Abbildung 7.1 zu treffen sind, betreffen R/3-Ordnungsbegriffe wie

- Buchungskreis,

- Geschäftsbereich,

- Werk und

- Objektklasse.

Gültige Werte für diese Felder müssen im Customizing vorhanden sein. **Werteliste**
Wie Sie in Absatz 7.2 sehen werden, können Sie über die »Werteliste«
die gültigen Werte abfragen.

Eingabefelder für Stammdaten aus R/3-Anwendungen

Auf der Registerkarte ZUORDNUNGEN sehen Sie auch Eingabefelder,
deren Inhalt nicht im Customizing festgelegt wird. Die gültigen Werte
beziehen sich auf Stammdaten, die in der R/3-Anwendung vorhanden
sein müssen.

Stammdatum	R/3-Modul	Suchhilfen (Beispiele)
Profit Center	EC-PCA	nach Standardhierarchie, nach Nummer des Profit Centers bzw. nach Bezeichnung
Verantwortliche Kostenstelle	CO-OM-CCA	nach Standardhierarchie, nach Nummer der Kostenstelle bzw. nach Bezeichnung
PSP-Element	PS-ST-OPR	nach Kontierungs- bzw. Fakturierungselementen, nach der Kurzidentifikation oder nach Projektdefinition und Bezeichnung
Kundenauftrag	SD-SLS-SO	Verkaufsbelege nach Bestellnummer, Bezeichnung oder nach Kundennummer

Tabelle 7.1 Beispiele für Stammdaten und passende Suchhilfen

Zu dem Wert, den Sie in ein solches Feld eingeben, muss es also einen
Stammsatz irgendwo in R/3 geben. Die Suchhilfe für diese Art von Eingabefelder nennen wir auch »Matchcode«.

Die Suchhilfen für diese Felder sind umfangreicher als für die Parameter **Matchcode**
aus dem Customizing. Die Kollegen der R/3-Basisbetreuung können
Ihnen bei Bedarf in der »ABAP Workbench« neue Suchhilfen einrichten.
Die Handhabung stellen wir Ihnen im Absatz 7.3 vor.

Freie Eingabefelder (Texte, Beträge)

Als letzte Gruppe von Eingabefeldern nennen wir Ihnen die Felder, für
die keine Prüfung vorgenommen wird. Es handelt sich

- um Textfelder, die der näheren Beschreibung dienen, oder

- um Felder, in die Sie Mengen oder Werte eingeben.

In unserem Beispiel gibt es im oberen Teil des R/3-Bildschirms den »Kurztext«. Er kann natürlich nicht geprüft werden. Schreibfehler bleiben unerkannt stehen und werden abgespeichert. Auf Mengen- und Betragsfelder werden Sie in betriebswirtschaftlichen Funktionen treffen, die der Erfassung von Bewegungsdaten dienen. Beispiele sind:

- Rechnungen buchen

- Wareneingänge oder Warenausgänge erfassen

Werteliste und Suchhilfe

Wenn wir nach Parametern aus dem Customizing suchen, verwenden wir die so genannte »Werteliste«. Wenn nach Stammdaten aus einer R/3-Anwendung gesucht wird, sprechen wir von »Suchhilfen«.

Warum der Unterschied? Suchhilfen für Stammdaten sind umfangreicher als die Werteliste für Parameter aus dem Customizing. Der Grund liegt auf der Hand: Bei den Parametern aus dem Customizing handelt es sich in der Regel um Grundeinstellungen der R/3-Anwendung, die ganz allgemein für das ganze Unternehmen gelten. Stammdaten dagegen sind etwas Dynamisches, das sich im Tagesgeschäft ständig weiterentwickelt. Die SAP-Benutzer brauchen verschiedene Suchalgorithmen, um die richtigen Stammdaten zu finden.

TIPP *Grundsätzlich gibt es immer dann eine Werteliste oder Suchhilfe zu einem Eingabefeld, wenn Sie rechts neben diesem eine Drucktaste*  *sehen.*

7.2 Gültige Werte aus dem Customizing

In Abbildung 7.2 sehen Sie nochmals das Detailbild, auf dem Sie die wesentlichen Stammdaten für einen Innenauftrag pflegen. Beachten Sie, dass zusätzlich die Werteliste für das Eingabefeld »Geschäftsbereich« angezeigt wird.

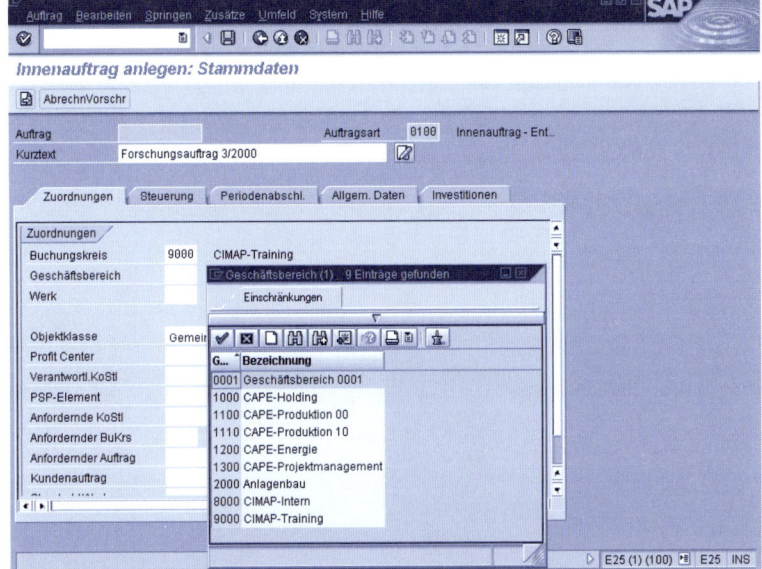

So suchen Sie gültige Werte aus dem Customizing

Wenn Sie die Werteliste für ein Eingabefeld sehen wollen, zu dem es Parameter im Customizing gibt, gehen Sie wie folgt vor:

Checkliste

▶ *Positionieren Sie den Cursor auf dem gewünschten Eingabefeld.*

▶ *Rechts neben dem Eingabefeld erscheint eine Drucktaste. Klikken Sie auf diese mit der Maus. Sie sehen dann die Werteliste wie in Abbildung 7.2.*

▶ *Statt mit der Maus zu klicken, können Sie auch die Funktionstaste* ⌑F4⌑ *bedienen. Sie sehen dann auch die Werteliste wie in Abbildung 7.2.*

▶ *Mit einem Doppelklick wählen Sie den gewünschten Eintrag aus der Werteliste aus. Das System kehrt auf den R/3-Bildschirm zurück.*

Manche Wertelisten sind sehr lang. Beachten Sie dann die verschiedenen Symbole am unteren Rand der Werteliste. Sie können hier beispielsweise mit dem Symbol  *nach der Bezeichnung eines Parameters suchen. Mit dem Symbol* ⊠ *schließen Sie die Werteliste, ohne etwas ausgewählt zu haben.*

TIPP

7.3 Gültige Werte aus den Stammdaten

In Abbildung 7.3 sehen Sie nochmals das Detailbild, auf dem Sie die wesentlichen Stammdaten für einen Innenauftrag pflegen. Beachten Sie, dass zusätzlich die Suchhilfe für das Eingabefeld »verantwortliche Kostenstelle« angezeigt wird.

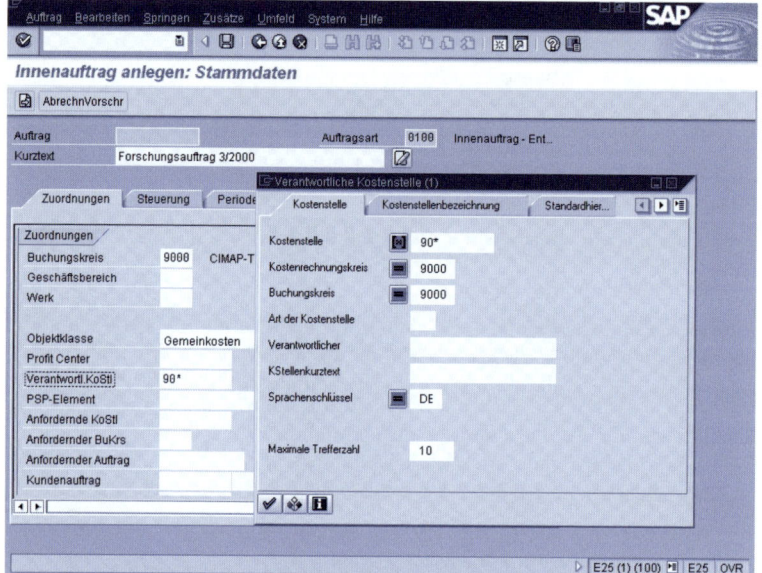

Abbildung 7.3
Innenauftrag anlegen –
Suchhilfe zur verantw.
Kostenstelle
© SAP AG

Lesen Sie zunächst diesen ganzen Absatz durch und machen Sie sich mit den Grundbegriffen vertraut. Wir erklären Ihnen die Vorgehensweise anhand eines Beispiels. Zum Schluss finden Sie die Checkliste, welche alle Schritte zusammenfasst.

Dialogfenster

Suchbegriff eingeben   Das System hat jetzt ein zusätzliches Dialogfenster eingeblendet, auf dem Sie die Suchhilfe weiter einschränken können. Sie sehen also nicht direkt die Liste aller gefundenen Kostenstellen, sondern Sie müssen Ihre Suche durch genauere Angaben beschreiben.

Beachten Sie die Fußzeile des Dialogfensters. Wir hatten schon er- **Fußzeile**
wähnt, dass es für Stammdaten verschiedene Suchhilfen gibt. Diese
werden gelegentlich auch als »Matchcode« bezeichnet. Die Kollegen
Ihrer R/3-Basisbetreuung können Ihnen bei Bedarf in der ABAP Workbench neue Suchhilfen einrichten. Die Bedeutung der Symbole im Einzelnen fassen wir in Tabelle 7.2 zusammen:

Symbol	Bedeutung
✔	Entspricht der Datenfreigabefunktion. Sie bestätigen Ihre Ein-gaben.
◈	Sie können Suchbegriffe auch nach Intervallen oder Ausschlüs-sen vornehmen. Das Symbol zeigt Ihnen die gültigen Möglich-keiten an.
▣	Hier rufen Sie eine andere Suchhilfe mit anderen Selektions-möglichkeiten auf (Abbildung 7.4).
✖	Hier brechen Sie die Suchhilfe ab. Sie kehren auf den R/3-Bild-schirm zurück, ohne einen gültigen Wert ausgewählt zu haben.

Tabelle 7.2 Symbole der Suchhilfe und ihre Bedeutung

Liste möglicher Suchhilfen

Aus dem Dialogfenster haben wir das Symbol für ▣ aufgerufen. Das
System wechselt jetzt in ein anderes Dialogfenster und Sie sehen eine
Liste aller vorhandenen Suchhilfen zu dem jeweiligen Stammdatum.

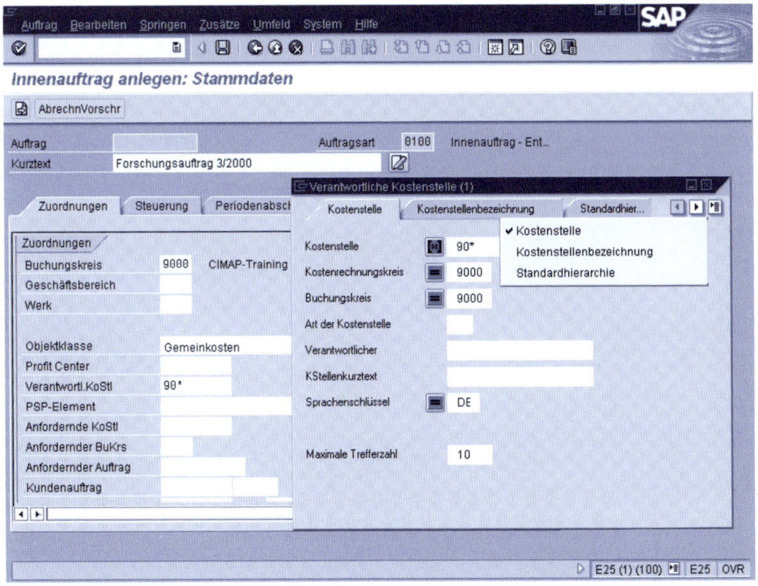

Abbildung 7.4
Liste möglicher
Suchhilfen zur
verantw. Kostenstelle
©SAP AG

Abbildung 7.4 zeigt die Liste möglicher Suchhilfen zu dem Eingabefeld »verantwortliche Kostenstelle«, das wir in unserem Beispiel verwenden.

TIPP

> *Grundsätzlich gibt es zu jedem R/3-Stammdatum mehrere Such-hilfen. Sie lassen sich diese über das entsprechende Symbol an-zeigen. Je nach R/3-Stammdatum gibt es zwischen 3 und 10 Suchhilfen. Die Liste möglicher Suchhilfen sieht daher im jeweili-gen Kontext immer etwas anders aus.*

Beispiel

Betrachten Sie nochmals die Abbildung 7.3. Wir haben in das Feld »Kostenstelle« den Begriff »90*« eingetragen. Das bedeutet, dass wir alle Kostenstellen sehen wollen, deren Nummer mit »90« beginnt. Abbildung 7.5 zeigt die Trefferliste, also die Liste derjenigen Kostenstellen, die gefunden wurden.

Abbildung 7.5
Trefferliste der Suchhilfe
© SAP AG

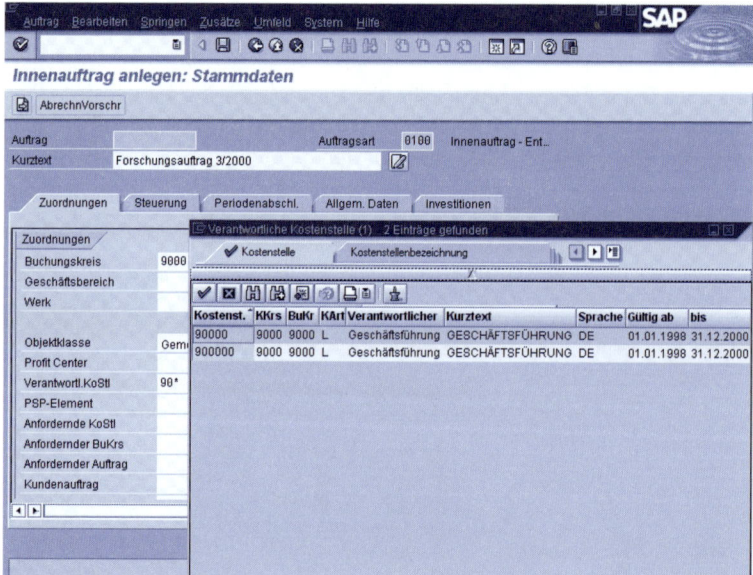

So suchen Sie gültige Werte aus den Stammdaten

Zunächst positionieren Sie den Cursor auf dem Eingabefeld, zu dem Sie die Suchhilfe verwenden wollen. Anschließend führen Sie folgende Schritte aus. Wenn Sie mit dem Suchergebnis, also mit der Trefferliste, nicht einverstanden sind, wiederholen Sie diese Schritte.

Checkliste

▶ *Rufen Sie die Suchhilfe über die Drucktaste oder über die Funktionstaste* F4 *auf.*

▶ *Überlegen Sie, ob Sie die Suche über weitere Suchbegriffe auf dem Dialogfenster sinnvoll einschränken können oder ob eine andere Suchhilfe besser geeignet ist. Wählen Sie entsprechend Ihrer Entscheidung ein Symbol aus der Fußzeile im Dialogfenster.*

▶ *Führen Sie die Suche aus.*

▶ *Mit einem »Doppelklick« wählen Sie aus der Trefferliste einen passenden Eintrag aus.*

▶ *Mit dem* ☒ *brechen Sie die Suche ab.*

Kapitel 8

Ein Anwendungsbeispiel

In diesem Kapitel stellen wir Ihnen ein Anwendungsbeispiel für das bisher Erklärte vor. Unser Ziel ist es, Sie in Ihren ersten Gehversuchen in R/3® zu unterstützen, damit Sie bald Routine bekommen und sich sicher in den R/3-Bildschirmen bewegen können. Wir haben ein Beispiel aus der Logistik ausgesucht. Es geht darum, einen Wareneingang zu einer Bestellung zu buchen.

8.1 Dies ist unser Geschäftsvorfall

Warenbewegungen gehören betriebswirtschaftlich zur Materialwirtschaft und hier, um ganz genau zu sein, zur Bestandsführung. In unserem Beispiel haben wir zur Vorbereitung eine Bestellung mit zwei Bestellpositionen im System erfasst.

In Abbildung 8.1 sehen Sie die Bestellung, zu der wir in diesem Beispiel den Wareneingang erfassen wollen. Wir zeigen das Übersichtsbild mit den Bestellpositionen, Angaben zu Materialnummer, Preis und Liefertermin.

Abbildung 8.1
Bestellung anzeigen
© SAP AG

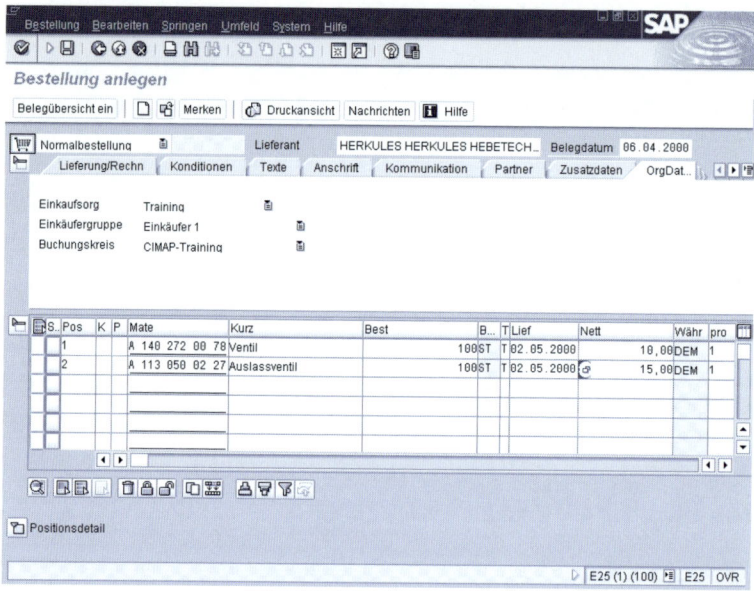

8.2 Gesamtablauf in R/3

Überblick Bevor wir mit Ihnen gemeinsam nun dieses Beispiel durchziehen, stellen wir in unserer Checkliste die Einzelschritte im Überblick zusammen. Beachten Sie, dass wir vier Exkurse zu zusätzlichen Funktionen machen, die Ihnen mehr als den Minimalablauf für diesen Geschäftsvorfall zeigen sollen:

Checkliste

1. *Schritt: R/3-Anwendung aufrufen*
2. *Schritt: Einstiegsbild pflegen*
   ▶ *Exkurs 1: So verwenden Sie die Suchhilfe zum Eingabefeld »Bestellung«*
3. *Schritt: Sammelbearbeitung der Bestellpositionen pflegen*
   ▶ *Exkurs 2: So verwenden Sie die Hilfe zum Eingabefeld »Menge«*
4. *Schritt: Detailbild je Bestellposition bearbeiten*
5. *Schritt: Daten sichern*
6. *Schritt: Beleg mit der Beleganzeige nochmals anzeigen lassen*
   ▶ *Exkurs 3: Kopfdaten des WE-Belegs anzeigen*
   ▶ *Exkurs 4: Materialstamm anzeigen*

8.3 Schritte im Einzelnen

1. Schritt: So finden Sie die richtige R/3-Anwendung

Machen Sie sich zunächst klar, zu welchem betriebswirtschaftlichen Fachbereich Sie in der R/3-Anwendung etwas tun wollen. Suchen Sie anschließend das richtige Arbeitsgebiet aus. In unserem Falle verwenden wir folgenden Menüaufruf:

1. LOGISTIK / MATERIALWIRTSCHAFT / BESTANDSFÜHRUNG

2. WARENBEWEGUNG / WARENEINGANG / ZUR BESTELLUNG / BESTELL-NUMMER BEKANNT

> *In der umfangreichen R/3-Menüstruktur sind die betriebswirt-schaftlichen Funktionen häufig mehrfach zu finden. Es gibt in R/3 also in der Regel mehrere Wege, die zum gewünschten Ziel führen.* **TIPP**

2. Schritt: So pflegen Sie das Einstiegsbild

Wenn Sie die R/3-Anwendung für das Erfassen von Wareneingängen aufgerufen haben, so erscheint das Erfassungsbild der betriebswirt-schaftlichen Funktion »Wareneingang zur Bestellung«. In Abbildung 8.2 sehen Sie dieses. Tragen Sie im Kopfteil im entsprechenden Feld Ihre Bestellnummer ein. Zu zwei Feldern geben wir Ihnen gleich noch eine Hilfestellung. Wenn Sie die Nummer eingetragen haben, verwenden Sie die Drucktaste AUSFÜHREN.

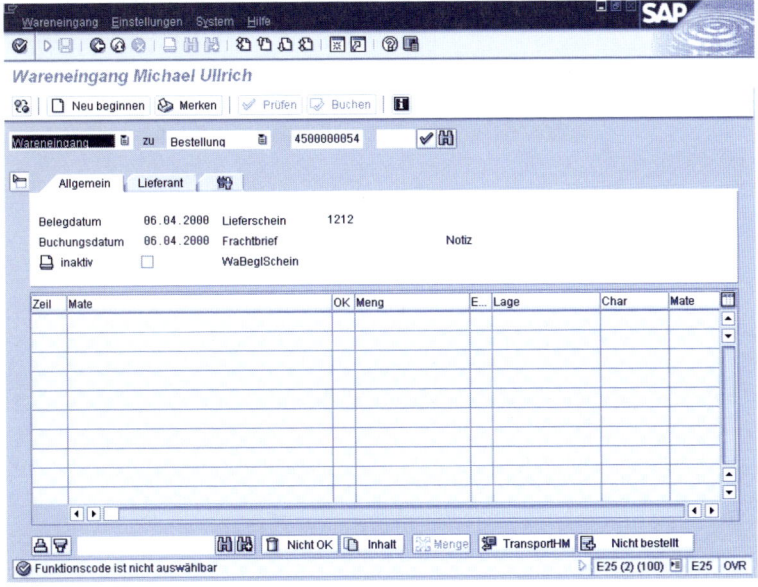

Abbildung 8.2
Einstiegsbild für Wareneingänge
© SAP AG

Bewegungsart Innerhalb der nun erscheinenden Tabelle finden Sie eine Spalte »Bewegungsart«. Die Bewegungsart beschreibt die Art der Bewegung, die in der Bestandsführung stattfinden soll. Das R/3-System braucht diese Information unter anderem für die so genannte automatische Kontenfindung. In unserem Beispiel verwenden wir die Bewegungsart »101«. Zwei wichtige Bewegungsarten für Wareneingänge in R/3 sind:

- Bewegungsart 101: Wareneingang zur Bestellung in das Lager
- Bewegungsart 501: Wareneingang ohne Bestellung in den frei verfügbaren Bestand im Lager

Bestellung Bestellungen werden in der Materialwirtschaft, und dort im Teilgebiet »Einkauf« erfasst. In der Praxis sind häufig sehr viele offene oder teilbelieferte Bestellungen vorhanden. In unserem Exkurs 1 zeigen wir Ihnen, wie Sie die Suchhilfe verwenden, um rasch die richtige Bestellung zu finden.

Exkurs 1: So verwenden Sie die Suchhilfe zum Eingabefeld »Bestellung«

In diesem Exkurs zeigen wir Ihnen die Suchhilfe zum Eingabefeld »Bestellung«. Wenn Sie mehr über die Suchhilfen erfahren wollen, so lesen Sie hierzu nochmals das Kapitel 7. Wir zeigen zunächst die Schritte im Einzelnen, anschließend gibt's eine zusammenfassende Checkliste.

Suchhilfe aufrufen Setzen Sie den Cursor auf das Eingabefeld »Bestellung«. Sie sehen am rechten Rand des Eingabefelds eine Drucktaste. Bedienen Sie diese. Sie sollten dann ein Dialogfenster sehen, das aussieht wie Abbildung 8.3.

Abbildung 8.3
Dialoghilfe mit einer Suchhilfe für Bestellungen
© SAP AG

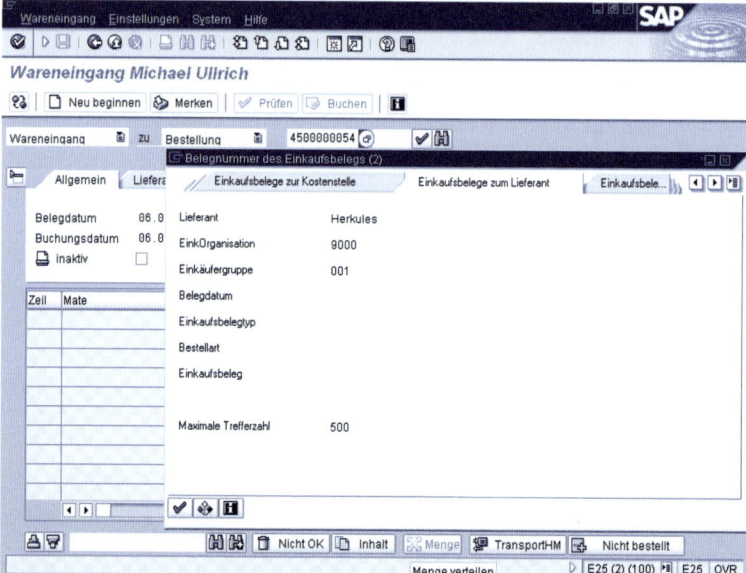

Schränken Sie die Begriffe, nach denen die Suchhilfe suchen soll, sinn- **Suchbegriff** voll ein. In der Regel werden Sie die Einkaufsorganisation und die **eingeben** Einkäufergruppe kennen. Vielleicht kennen Sie auch die Lieferanten- nummer beziehungsweise Lieferant, wie es in unserem Beispiel der Fall ist (die Lieferantennummer steht häufig auf dem Lieferschein). Mit der ⏎ -Taste starten Sie die Suche, schränken aber diesmal die Begriffe, nach denen gesucht werden soll, etwas weniger ein.

Das System zeigt Ihnen eine Trefferliste an, aus der Sie mit dem **Trefferliste** »Doppelklick« diejenige Bestellung auswählen können, zu der Sie den Wareneingang erfassen wollen. Haben Sie die richtige Bestellung nicht gefunden, so wiederholen Sie die Suche.

Hier unsere zusammenfassende Checkliste. Führen Sie die Checkliste
Schritte in aller Ruhe nacheinander aus.
▷ *Setzen Sie den Cursor auf das Eingabefeld »Bestellnummer«.*
▷ *Klicken Sie auf die Drucktaste neben dem Eingabefeld oder verwenden Sie die Funktionstaste* F4 *, um die Suchhilfe zu aktivieren.*
▷ *Wechseln Sie mit der entsprechenden Drucktaste in dem Dia- logfenster zur Suchhilfe »Einkaufsbelege zum Lieferant«.*
▷ *Füllen Sie das Selektionsbild sinnvoll aus und starten Sie die Suche mit der* ⏎ *-Taste.*
▷ *Suchen Sie aus der Trefferliste die richtige Bestellung aus (Doppelklick).*

3. Schritt: So arbeiten Sie mit der Sammelbearbeitung

Sie haben jetzt das Einstiegsbild vollständig ausgefüllt. Außerdem haben Sie mit der Drucktaste »Ausführen« die Übersicht der Bestellpositionen aufgerufen. Abbildung 8.4 zeigt Ihnen diese Sammelbearbeitung.

Auf diesem R/3-Bildschirm ist jeweils das Eingabefeld »Menge« für jede **Menge eingeben** Bestellposition eingabebereit. Der Eingabewert, den Sie hier sehen, ent- spricht der bestellten Menge. Diese wird als Wareneingangsmenge vor- geschlagen. Wenn Sie eine Teillieferung buchen wollen, so ändern Sie den Eingabewert auf die tatsächlich eingegangene Menge ab.

In unserem Beispiel ändern wir die Wareneingangsmengen auf jeweils **Unser Beispiel** 80 Stück. Wir können nun in das Detailbild der jeweiligen Position wechseln. Mehr hierzu im 4. Schritt dieses Beispiels. Zunächst geht es jetzt mit dem zweiten Exkurs zum Thema »Hilfe zum Eingabefeld« wei- ter.

Abbildung 8.4
Sammelbearbeitung
(Übersicht
Bestellpositionen)
© SAP AG

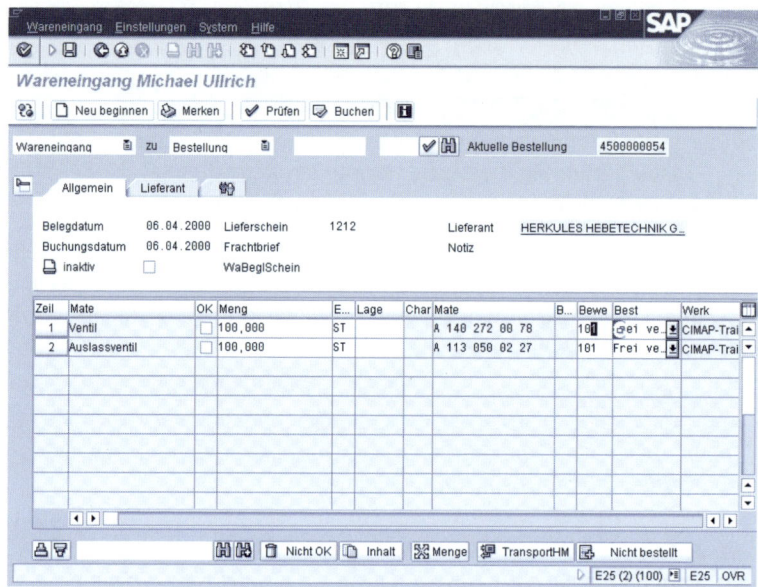

Abbildung 8.5
Dialogfenster – Hilfe zum
Eingabefeld
© SAP AG

Exkurs 2: So verwenden Sie die Hilfe zum Eingabefeld »Menge«

Setzen Sie den Cursor auf das Eingabefeld »Menge«. Eine Werteliste
oder Suchhilfe gibt es zu diesem Eingabefeld nicht. Mit dem Symbol
» 🔘 « beziehungsweise mit der Funktionstaste F1 können Sie die Hilfe
zum Eingabefeld aufrufen. Abbildung 8.5 zeigt Ihnen, wie das aussieht.

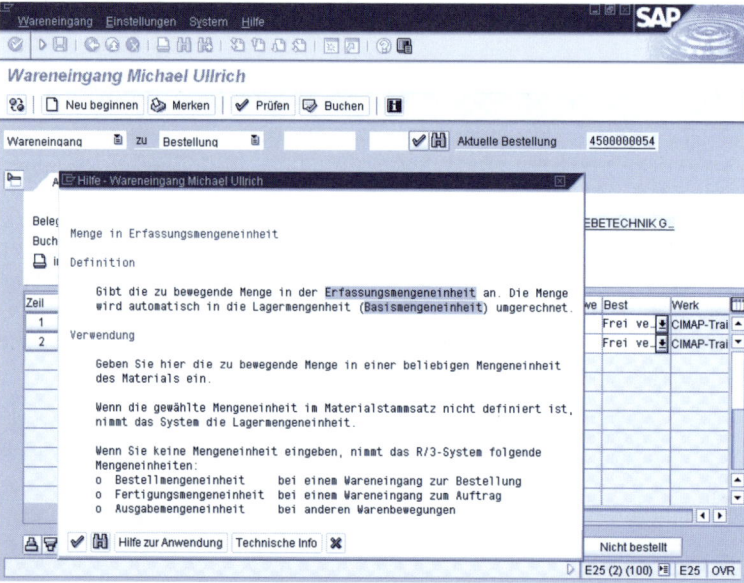

Beachten Sie, dass Sie aus diesem Dialogfenster weitere Hilfefunktionen aufrufen können. Sie erkennen dies an den Drucktasten in der Fußzeile des Dialogfensters.

In Kapitel 9 können Sie weitere Informationen zu diesem Thema nachlesen. Dort zeigen wir noch ein weiteres Beispiel, an dem Sie diese Art der Online-Hilfe nachvollziehen können.

TIPP

In unserer Checkliste fassen wir die Einzelschritte für Sie nochmals zusammen. Denken Sie daran, dass Sie die Funktionstaste F1 auch auf Feldern verwenden können, die nur angezeigt werden, die also keine Eingabefelder sind.

▶ *Setzen Sie den Cursor auf das Feld, zu dem Sie Hilfe brauchen.*

▶ *Wählen Sie anschließend das Symbol 🔞 aus der Symbolfunktionsleiste oder die Funktionstaste F1 .*

▶ *Sie sehen jetzt ein Dialogfenster mit dem Hilfetext.*

▶ *Beenden Sie die Funktion mit der ↵ -Taste oder mit dem Symbol ✖ .*

Checkliste

4. Schritt: So bearbeiten Sie die Detailbilder

Im dritten Schritt dieses Beispiels haben wir die Wareneingangsmengen für die beiden Bestellpositionen abgeändert. Wir haben also nur eine Teillieferung erhalten. Durch Kennzeichnen der ersten Position verzweigt das R/3-System in das Detailbild dieser Bestellposition. Abbildung 8.6 zeigt dieses Detailbild.

System prüft Eingabe

Sie haben jetzt die Möglichkeit, Ihre Eingaben mit  zu überprüfen. Sie erhalten die Meldung, dass die Einkaufsbestellmengen unterschritten sind. In unserem Beispiel bestätigen wir die Eingabe mit der ↵ -Taste, da wir tatsächlich nur die Wareneingangsmenge 80 Stück buchen wollen.

Warnmeldung

Wenn Sie die einzelnen Positionen im Feld ENDLIEFERUNG entsprechend kennzeichnen, können Sie zu dieser Bestellposition keine weiteren Wareneingänge mehr erfassen. Beim Prüfvorgang sehen Sie zusätzliche Einträge innerhalb der Warnmeldung (siehe Abbildung 8.7). Das entspricht unserer Vorstellung und wir bestätigen daher diese Warnmeldung mit der ↵ -Taste.

Noch eine Warnmeldung

Abbildung 8.6
Detailbild zu der ersten
Bestellposition
© SAP AG

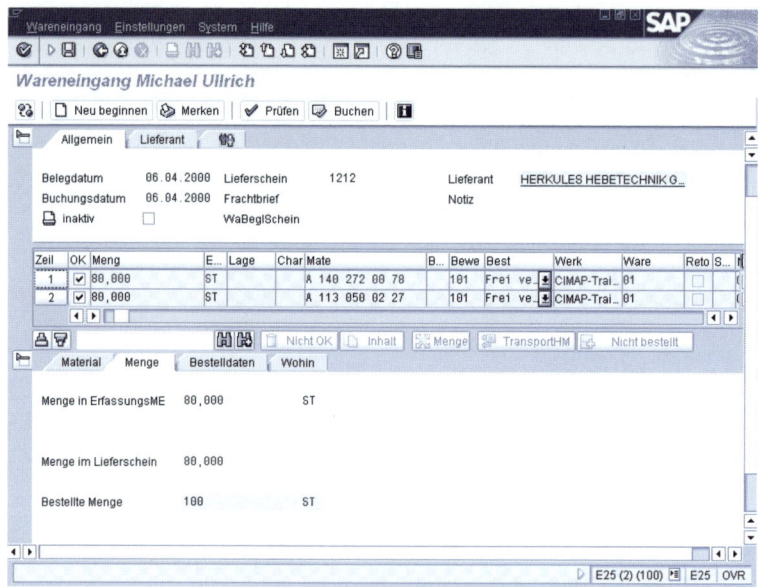

Abbildung 8.6
Detailbild zu der ersten
Bestellposition
© SAP AG

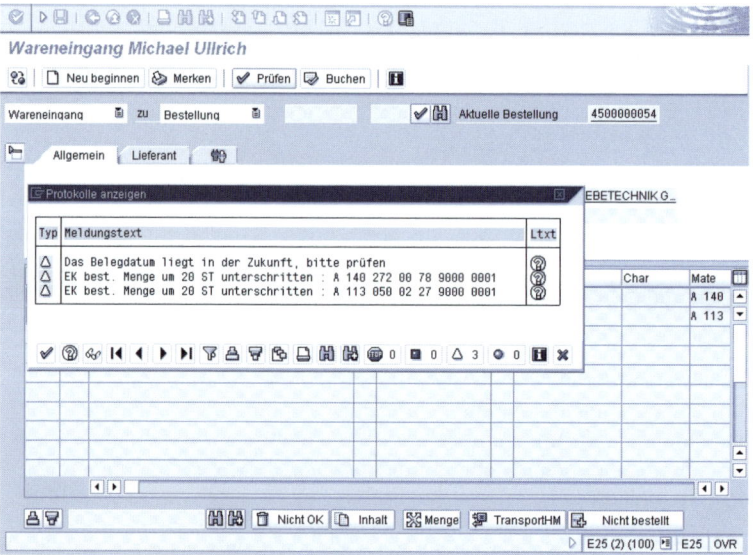

Abbildung 8.7
Warnmeldung
© SAP AG

Nächste Bestellposition

Das System setzt automatisch den Bildwechsel fort. Zur zweiten Bestell-position werden die gleichen beiden Warnmeldungen angezeigt, wie zur ersten Bestellposition. Sie sehen, das R/3-System denkt mit und ist ganz genau. Es hinterfragt Ihre Eingaben im betriebswirtschaftlichen Zusammenhang, in unserem Beispiel also zu der ursprünglichen bestell-ten Menge.

5. Schritt: So sichern Sie die Warenbewegung

Wenn alle Detailbilder vom R/3-System bearbeitet wurden, sehen Sie anschließend wieder den R/3-Bildschirm mit der Übersicht. Abbildung 8.4 zeigt den entsprechenden R/3-Bildschirm. Jetzt können Sie die eingegebenen Daten sichern. Sie tun dies

- entweder mit dem Symbol 🖫 in der Symbolfunktionsleiste oder

- mit der Funktionstaste 「F11」.

Das System verbucht jetzt den Wareneingang, denn Ihre Eingaben waren fehlerfrei. Ansonsten würde spätestens hier die zuvor genannte Warnmeldung erfolgen. Das Übersichtsbild der Bestellpositionen wird verlassen und das System springt auf das Einstiegsbild zurück. In der Statusleiste sehen Sie eine Meldung, die ähnlich wie in Abbildung 8.8 aussehen sollte.

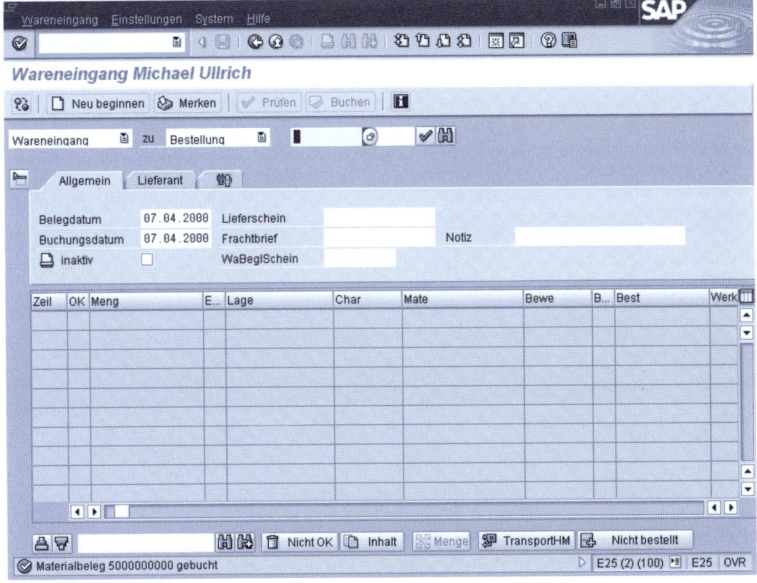

Abbildung 8.8
Einstiegsbild
Wareneingänge –
Systemmeldung
© SAP AG

Das System bestätigt das Verbuchen der Daten. Es wird ein Buchungsbeleg mit der Belegnummer »5000000000« erzeugt. Sie können dies in der Nachricht der Statusleiste nachlesen.

6. Schritt: So lassen Sie sich den Warenbeleg anzeigen

In unserem Beispiel wird ein Warenbeleg erzeugt. Die Belegnummer für diesen Warenbeleg wird vom System »intern« vergeben. Im Customizing wird hierfür ein Nummernkreis und ein Nummernintervall eingerichtet. Jetzt wollen wir uns den Beleg nochmals anzeigen lassen.

Beleganzeige aufrufen

Innerhalb des gleichen Bildschirms, in dem Sie Wareneingänge erfassen, können Sie sich schon gebuchte Wareneingänge anzeigen lassen. Wechseln Sie das Feld für Wareneingang auf »Anzeige« und geben Sie im Nummernfeld die Wareneingangsnummer an. Sollten Sie die Nummer nicht kennen, steht Ihnen über das Symbol 🔍 eine Suchhilfe zur Verfügung. Mit der Funktion ÜBERSICHT AN/AUS 🔳 erscheint im linken Bildschirmbereich eine Übersicht über Ihr Suchergebnis. In unserem Beispiel wählten wir absichtlich einen anderen Beleg, um Ihnen einmal eine umfangreiche Wareneingangsbuchung zu zeigen.

Einstiegsbild

Sie sehen dann das Einstiegsbild der Funktion MATERIALBELEG ANZEIGEN. Wir zeigen diesen R/3-Bildschirm nicht, da er sehr einfach aufgebaut ist und für sich selbst spricht. Mit der ⏎ -Taste gelangen Sie auf die Übersicht des Materialbelegs. Abbildung 8.9 zeigt das passende Beispiel hierzu.

Abbildung 8.9
Übersicht eines
Warenbelegs anzeigen
© SAP AG

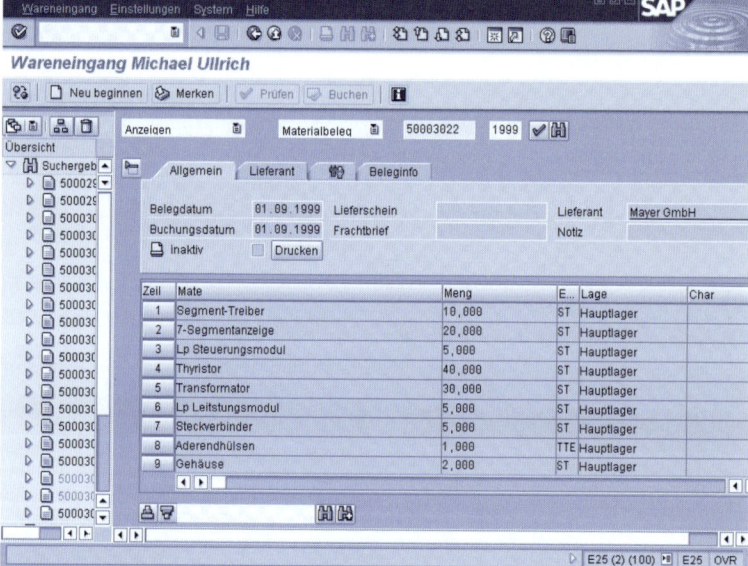

Belegübersicht

Die Wareneingangspositionen wurden aus den Bestellpositionen übernommen. Im Feld »Menge« können Sie die gebuchten Wareneingangsmengen nachvollziehen. Bevor wir Ihnen in zwei Exkursen zwei Detailbilder zu unserem Warenbeleg vorstellen, noch ein Tipp:

> *Üben Sie die R/3-Handhabung anhand übersichtlicher Beispiele.*
> *Arbeiten Sie sich systematisch in die Bearbeitungsmöglichkeiten*
> *ein. Gehen Sie hierzu die Menüleiste von links nach rechts und*
> *von oben nach unten durch. Auch die Drucktasten der Anwen-*
> *dungsfunktionsleiste sollten Sie von links nach rechts durchge-*
> *hen, um die Funktionen auszuprobieren.*

TIPP

Exkurs 3: So sehen Sie die Kopfdaten des Warenbelegs

Jeder Buchungsbeleg in R/3 besteht aus einem Belegkopf und beliebig vielen Belegpositionen. Die Belegpositionen können Sie in Abbildung 8.9 gut erkennen. Lassen Sie sich jetzt noch den Belegkopf anzeigen. Im oberen Teil Ihres Wareneingangsbelegs sehen Sie vier Sichten (Abbildung 8.10 zeigt Ihnen ein Beispiel). Hier sehen Sie allgemeine Informationen Ihres Belegs:

- Informationen zum Lieferanten,

- zur Einkäufergruppe und Besteller und

- weitere Beleginformationen, über die Sie in Rechnungswesenbelege verzweigen können,

aufrufen.

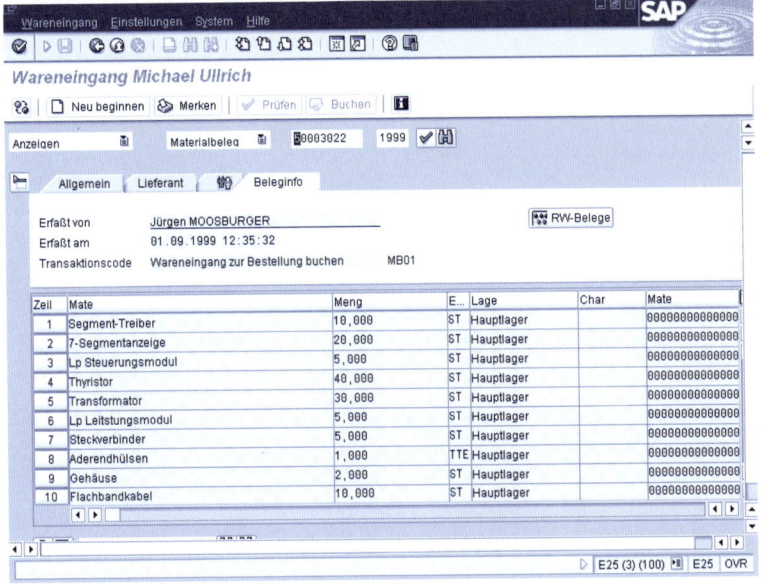

Abbildung 8.10
Kopfdaten eines
Warenbelegs
© SAP AG

Exkurs 4: So zeigen Sie den Materialstamm an

Checkliste

Jetzt wollen wir uns noch die Stammdaten zu einem der in diesem Beispiel verwendeten Materialien anzeigen lassen. Wir gehen von der Positionsübersicht, die Sie in Abbildung 8.9 sehen, aus. So gehen Sie vor:

▶ *Ausgehend von der Übersicht des Materialbelegs (Abbildung 8.9) setzen Sie den Cursor auf diejenige Materialnummer, zu der Sie die Stammdaten sehen wollen. Das Detailbild zur Position erscheint.*

▶ *Führen Sie in der Sicht MATERIAL auf dem gleichnamigen Feld ein »Doppelklick« aus oder rufen Sie mit Hilfe der rechten Maustaste die Funktion AUSWÄHLEN [F2] auf.*

Abbildung 8.11 zeigt ein passendes Beispiel. Beachten Sie, dass es zu einem Materialstamm mehrere Sichten von Stammdaten gibt. Sie können diese über die verschiedenen Registerkarten aufrufen. Mit der Funktionstaste [F3] (Back) springen Sie in den Warenbeleg zurück.

Abbildung 8.11
Materialstamm anzeigen
© SAP AG

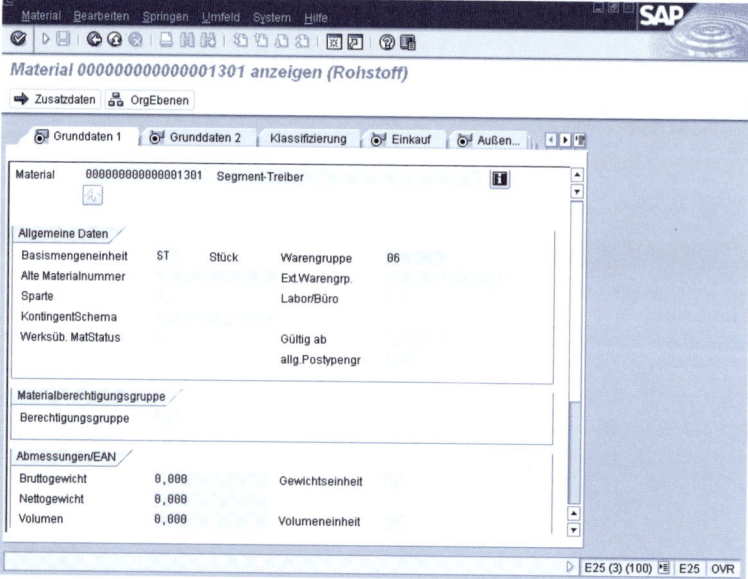

TIPP

Wichtig ist, dass Sie den Cursor richtig positionieren. Wenn er nicht in einem der Anzeigefelder »Material« steht, funktioniert das Ganze nicht.

Kapitel 9

So nutzen Sie die Online-Hilfen

In diesem Kapitel stellen wir für Sie die Online-Hilfen zusammen, die Sie kennen sollten. Die SAP® AG® stellt umfangreiche Hilfsfunktionen zur Verfügung. Diese Hilfen gehen auf die betriebswirtschaftliche Bedeutung von Funktionen und Feldern ein und geben Hilfestellung für das Arbeiten mit R/3.

Die Informationen werden an die SAP-Kunden mit jedem neuen Release, Hotpackage und Upgrade auf einer eigenen CD ausgeliefert. Die CD enthält neben den betriebswirtschaftlichen Erklärungen:

Online-Hilfe auf CD

- ein Glossar

- eine allgemeine Einführung in R/3

- Release-Informationen

Sie können die Online-Hilfe über das R/3-System oder direkt von der CD, bzw. oder aus dem Netzwerk lesen. Das Thema dieses Kapitels ist vielseitig. Wir haben es bereits in Kapitel 6 angesprochen und haben Ihnen im Absatz 6.5 bereits die Hilfsfunktionen zu Eingabefeldern vorgestellt. Schwerpunkt dieses Kapitels ist das Menü HILFE. Sie finden dieses Menü auf jedem R/3-Bildschirm.

9.1 So rufen Sie die Online-Hilfen auf

Für SAP R/3 gibt es verschiedene Online-Hilfen. Alle werden von der SAP AG gepflegt und auf dem neuesten Stand gehalten. Für die Online-Hilfen finden Sie in der Menüleiste einen Menüpunkt HILFE. Abbildung 9.1 zeigt Ihnen wie das Menü HILFE inhaltlich aussieht:

Abbildung 9.1
R/3-Menüleiste mit dem
Menü HILFE
© SAP AG

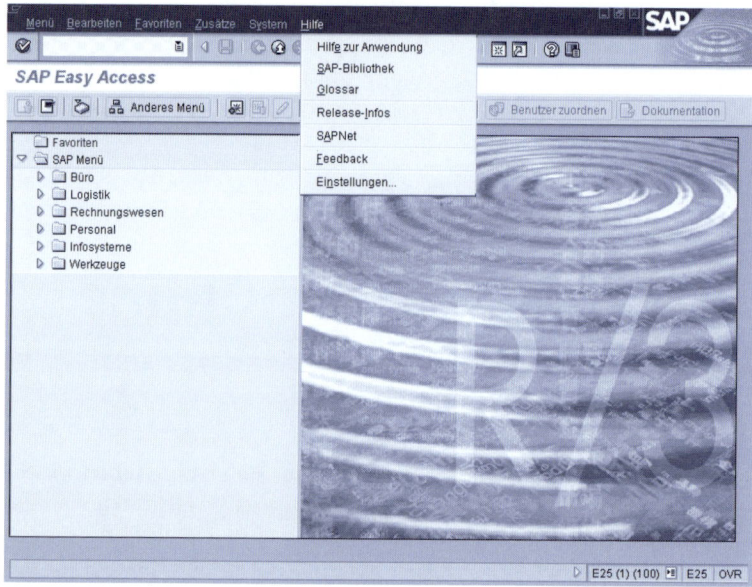

Auch für Sie als SAP-Einsteiger sollte es recht einfach sein, mit den On-line-Hilfen zu arbeiten.

HTML-Format   Die Online-Hilfen werden in dem modernen »HTML-Format« für die SAP-Benutzer aufbereitet. Jede Online-Hilfe hat die gleiche Menüleiste. Sie stellt Ihnen immer die gleichen Funktionen zur Verfügung. Abbildung 9.2 zeigt den Einstieg in die R/3-Bibliothek. Gut zu erkennen ist hier die genannte Menüleiste der R/3-Online-Hilfen.

Menüleiste der R/3-Bibliothek

Was die Menüs der R/3-Online-Hilfe bedeuten und was Sie mit diesen tun können, entnehmen Sie bitte der Tabelle 9.1.

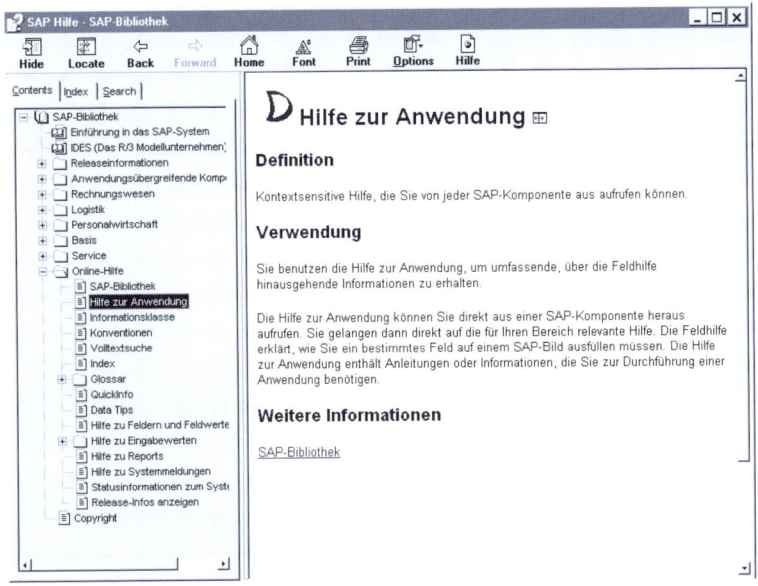

Abbildung 9.2
R/3-Bibliothek im
Überblick
© SAP AG

Icon	Menü-punkt	Beschreibung
Hide	HIDE	Mit dem Menüpunkt HIDE verstecken Sie die R/3-Online-Hilfe. Sie schließen sie.
Locate	LOCATE	Wenn die Suche nach einer Information erfolgreich war, können Sie sich mit dieser Drucktaste zeigen lassen, wo sich diese Information im Inhaltsverzeichnis wiederfindet.
Back	BACK	Geht einen Schritt in der Online-Hilfe zurück.
Forward	FORWARD	Geht einen Schritt in der Online-Hilfe nach vorne.
Home	HOME	Sie kehren zum Einstiegsbild der R/3-Online-Hilfe zurück.
Font	FONT	Hier stellen Sie die Ansicht vergrößern oder verkleinern.
Print	PRINT	Hier rufen Sie die Druckfunktion auf.

Icon	Menü-punkt	Beschreibung
Options	OPTIONS	Hier nehmen Sie Grundeinstellungen für die R/3-Online-Hilfe vor.
⊡ Hilfe	HILFE	Hier finden Sie Hilfe zur Handhabung der R/3-On-line-Hilfe

Tabelle 9.1 Menüfunktionen der R/3-Online-Hilfen   © SAP AG

TIPP | *Wenn Sie Zugang zu mySAP.com® haben, können Sie sich in der jeweils aktuellsten IDES der SAP AG anmelden. Dort können Sie dann mit der aktuellsten Version der R/3-Online-Hilfen arbeiten. »IDES« ist das »internationale Demosystem« von R/3. Sie können in der IDES viele Geschäftsszenarien durcharbeiten und erlernen.*

TIPP | *Die SAP AG liefert die Online-Hilfen auf CD an ihre Kunden aus. In Ihrem Netzwerk muss der Administrator diese CD installiert und an das R/3-System gekoppelt haben, damit Sie die Informationen nutzen können. Außerdem benötigen Sie einen Internet Browser, vorzugsweise den Microsoft® Internet® Explorer® 5.0. Auch dieser muss Ihnen der Administrator zur Verfügung stellen.*

Registerkarten der R/3-Bibliothek

Bitte betrachten sie nochmals Abbildung 9.2. Gut zu erkennen sind die drei Registerkarten der R/3-Bibliothek, zu denen wir jetzt noch etwas sagen wollen.

Contents Wenn Sie die R/3-Bibliothek aufrufen, wird Ihnen die Registerkarte CONTENTS standardmäßig angezeigt. Sie beinhaltet die Baumstruktur und damit das Inhaltsverzeichnis für die R/3-Bibliothek. Mit der Maus öffnen und schließen Sie die Baumstruktur.

Index Der INDEX zeigt zahlreiche Stichworte in alphabetischer Reihenfolge. Beachten Sie, dass der Index neu aufgebaut wird, wenn Sie die CD oder die Online-Hilfe erstmalig aufrufen. Dies kann einen Moment dauern, ist aber, wie gesagt, eine einmalige Sache. Der Index beinhaltet Kapitelüberschriften und gibt Ihnen damit eine weitere Sicht auf die Inhalte der R/3-Bibliothek.

Der Begriff »Search« wird meistens mit »Suchhilfe« übersetzt. Ihren **Search**
Suchbegriff oder ein Bruchstück des Suchbegriffs geben Sie in einer
hierfür vorgesehenen Zeile ein. Sie erhalten dann eine Trefferliste, die
Ihnen Bereiche der R/3-Bibliothek anzeigt, in denen der Suchbegriff gefunden wurde.

9.2 Erweiterte Hilfe (Application Help)

Als ersten Teilbereich der Online-Hilfe sehen Sie die »Erweiterte Hilfe«.
Hier finden Sie sehr ausführliche Hilfe zu den R/3-Arbeitsgebieten. Einige Beispiele:

- Aus der Logistik zur Materialwirtschaft mit den Teilbereichen Einkauf, Bestandsführung, Rechnungsprüfung, zum Vertrieb mit den
  Teilbereichen Verkauf, Versand, Fakturierung.

- Aus dem Rechnungswesen zur Finanzbuchhaltung mit den Teilbereichen Hauptbuch, Debitoren, Kreditoren und Anlagen, zum
  Controlling mit den Teilbereichen Kostenstellenrechnung, Innenaufträge und Prozesse.

Die Online-Hilfe »Erweiterte Hilfe« erkennt, in welchem SAP-Benutzer- **Immer im Kontext**
menü Sie sich befinden und zeigt Ihnen die passende Online-Hilfe an. In
Abbildung 9.3 zeigen wir ein Beispiel. Der SAP-Benutzer hat sich bis in
die Materialwirtschaft gekämpft und will dort einen Materialstamm hin-
zufügen. Jetzt braucht er die »Erweiterte Hilfe«. Er ruft Sie auf und fin-
det sich in dem Inhaltsverzeichnis, das zu seiner betriebswirtschaftlichen
Frage passt, wieder.

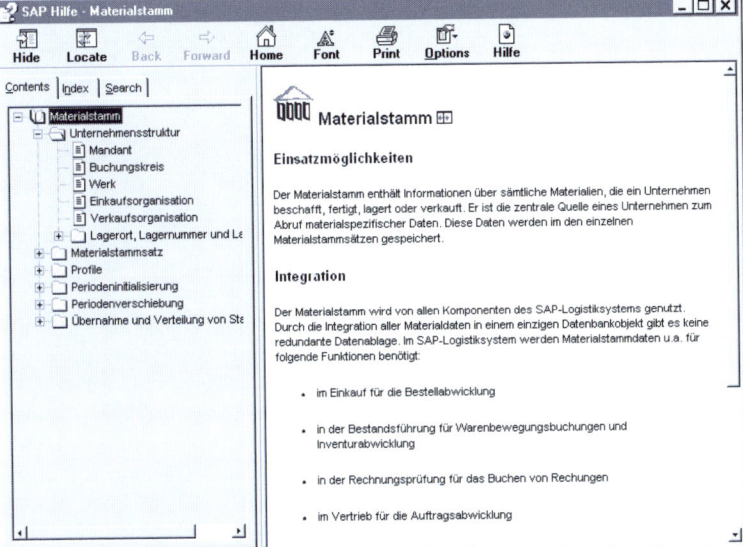

Abbildung 9.3
Erweiterte Hilfe zum
Materialstamm
© SAP AG

9.3 R/3-Dokumentation

R/3-Dokumentation Die R/3-Bibliothek rufen Sie aus dem Menü HILFE auf. In der R/3-Bibliothek finden Sie die vollständige R/3-Dokumentation, gegliedert nach den Anwendungsgebieten. Die »R/3-Bibliothek« und die »Erweiterte Hilfe« sind praktisch das gleiche. Sie unterscheiden sich lediglich darin, dass die R/3-Bibliothek immer mit den Gesamtverzeichnissen je Arbeitsgebiet beginnt, die Erweiterte Hilfe jedoch den jeweiligen Kontext des SAP-Benutzers erkennt und gezielt in die R/3-Dokumenation einsteigt. Das Einstiegsbild der R/3-Bibliothek sehen Sie in Abbildung 9.2.

9.4 Glossar

Von A bis Z Über das Glossar können Sie die Definition zu jedem SAP-Begriff abfragen. In einer zusätzlichen Zeile im oberen Teil des HTML-Bildschirms steigen Sie über das Alphabet gezielt in die Suche nach einem Begriff ein und können sich dort einen Kurzhinweis zum gesuchten Begriff anzeigen lassen.

9.5 Release-Infos

Neuigkeiten In den Release-Infos finden Sie die genaue Beschreibung, was sich zwischen den verschiedenen Releaseständen geändert hat. Früher wurden die Release-Infos auch als »Delta-Informationen« oder »Deltabriefe« bezeichnet. Diese Texte beschreiben ausführlich die zu einem neuen Releasestand eingetretenen betriebswirtschaftlichen und funktionalen Veränderungen zu den vorausgehenden Releaseständen.

Abbildung 9.4 Einstieg in die Release-Infos © SAP AG

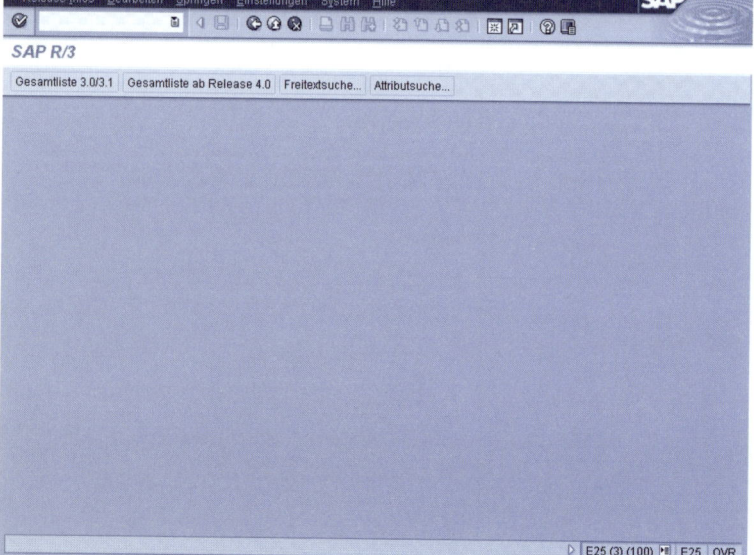

Diese Informationen sind für alle SAP-Kunden sehr wichtig, denn Sie unterstützen die »kontinuierliche Weiterentwicklung« von R/3-Anwendungen.

9.6 SAPNet-Anmeldung

Über das Menü HILFE können Sie sich in das SAPNet der SAP AG anmelden. Warum gehört diese Funktion zu den R/3-Online-Hilfen? Weil Sie im SAPNet weitere Hilfe zu Fragen finden, denn Sie können sich über das SAPNet an das »OSS« der SAP AG anmelden. Zu den Begriffen im Einzelnen:

Das Intranet der SAP AG

Das SAPNet ist das Intranet der SAP AG. Es ist das weltweit funktionierende Informations- und Kommunikationsnetz der SAP AG. Zugang zum SAPNet hat jeder, der eine Benutzer-ID mit gültigem Kennwort besitzt.

SAPNet

»OSS« ist das »Online Support System« der SAP AG. Einen OSS-Benutzer kann grundsätzlich jeder beantragen, der etwas mit R/3 zu tun hat. Unter anderem haben Zugang zum OSS:

OSS

- Kundenmitarbeiter (Administration, Basis, Key-User)

- Beratungspartner
  (Projektleiter, zertifizierte SAP-Anwendungsberater)

- SAP-Mitarbeiter

Wer sich im SAPNet anmelden kann, hat auch Zugriff auf das Online-Support-System der SAP AG. Das ist eine prima Sache. Dort finden Sie zig-tausende von Hinweisen zu allen denkbaren Fragestellungen. Ausgefeilte Suchfunktionen helfen Ihnen aus der Fülle an Informationen das Richtige herauszusuchen. Wenn Sie die entsprechende Berechtigung dazu haben, können Sie außerdem Problemmeldungen an die SAP AG senden und den Hotline-Service in Anspruch nehmen. Sie können SAPNet auch über die Homepage der SAP AG aufrufen. Verwenden Sie die Adresse **http://www.sap.com**.

Hinweis-Datenbank

Mehr zum SAP OSS finden Sie in unserem Exkurs zu diesem Thema am Ende dieses Kapitels.

9.7 Einstellungen

Der Teilbereich »Einstellungen« schließt das Hilfemenü ab und ist dort als letzter Punkt zu finden. Sie können hier individuell Einfluss auf die Darstellung von Systemnachrichten und Hilfetexten nehmen. Erinnern Sie sich an die »Statusleiste«?

Statusleiste Wir haben Ihnen die Statusleiste in Kapitel 3.7 vorgestellt. Die Statusleiste befindet sich am Fuß des R/3-Bildschirms und schließt diesen nach unten ab. Die Statusleiste ist in zwei Bereiche geteilt:

- Im linken Teil enthält die Statusleiste im Bedarfsfalle Systemnachrichten.

- Im rechten Teil hat die Statusleiste noch Platz für allgemeine Informationen für den SAP-Benutzer.

Über den hier zu besprechenden Teilbereich »Einstellungen« des Hilfemenüs können Sie diese Einstellungen ändern. Abbildung 9.5 zeigt die Möglichkeiten.

Abbildung 9.5
Einstellungen für Texte
© SAP AG

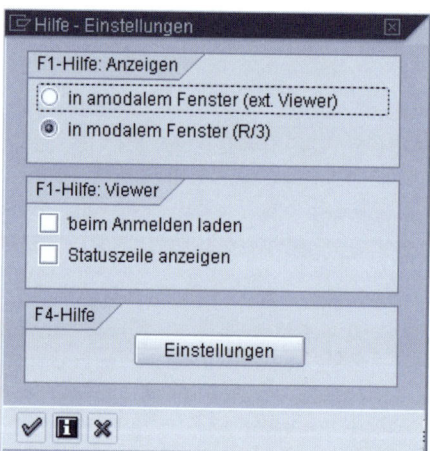

Modales Fenster Für die Darstellung der Hilfefunktion können Sie zwischen dem amodalem und modalem Fenster wählen. Es geht einfach darum, dass Sie den Hilfstext entweder in einem externen Viewer (amodal) angezeigt bekommen oder innerhalb von R/3 in einem eigenen Dialogfenster (modal). Im Standard ist das modale Fenster eingestellt, was für die Praxis auch gut geeignet ist.

Viewer laden Sie können hier auch einstellen, dass der Viewer für die Online-Hilfen schon geladen wird, wenn Sie sich im R/3-System anmelden. Diese Option ist für die Praxis eher unüblich.

Als Beispiel für ein modales Fenster zeigen wir noch den Hilfetext zum **Beispiel**
Eingabefeld »Kostenart«. Der Hilfetext wird angezeigt, nachdem folgende Schritte ausgeführt wurden:

1. Aus dem Rollenmenü des Controllers wurde die Funktion KOSTENART ANZEIGEN gewählt.

2. Der Cursor wurde auf das Eingabefeld »Kostenarten« gesetzt.

3. Über das Funktionsmenü (rechts außen am R/3-Bildschirm) wurde die Hilfefunktion zum Eingabefeld abgefragt.

4. Der Hilfetext wird angezeigt, Abbildung 9.6 zeigt diesen.

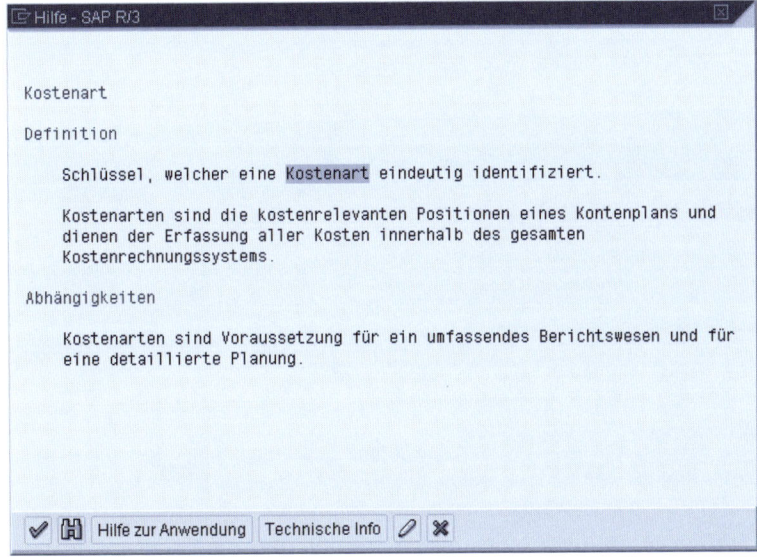

Abbildung 9.6
Systemnachricht im
modalen Fenster
© SAP AG

Beachten Sie die Drucktastenleiste in diesem Hilfefenster. Sie bietet einige weitergehende Bearbeitungsmöglichkeiten wie:

- Die Suchhilfe (Symbol)
- Die Hilfe zur Anwendung
- Technische Informationen (hauptsächlich für Kollegen der R/3-Basis interessant)

Aus der Abbildung 9.5 müssen wir noch die im unteren Teil des R/3- **Personalisierung**
Bildschirms sichtbare Gruppe »F4-Hilfe-Einstellungen« besprechen. An
dieser Stelle können Sie ganz persönliche Einstellungen für die »Suchhilfen« vornehmen. Wie Sie gewünschte Werte finden, ist Schwerpunkt
des Kapitels 7. An der hier gezeigten Stelle sollten Sie, solange Sie sich
noch als R/3-Einsteiger fühlen, nichts ändern. Arbeiten Sie mit dem

SAP-Standard, dann ist es für Ihren R/3-Support einfacher, Sie zu unterstützen. Außerdem können Sie dann die Beispiele dieses R/3-Fachbuchs besser nachvollziehen.

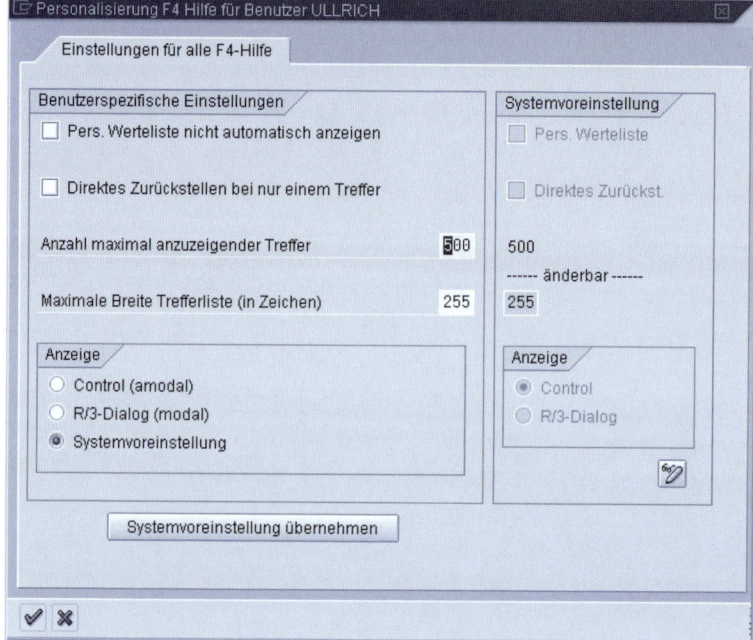

9.8 Einführung in R/3 (Getting Started)

Für Sie als R/3-Einsteiger ist die Hilfefunktion »Getting Started« eine wichtige Sache. Sie gelangen in die »Einführung in R/3« über die Standardsymbolleiste und das Symbol ⑦ . Die SAP AG empfiehlt (und wir auch), den Inhalt dieser kurzen Einführung in R/3 zu lesen, während Sie das erste Mal in R/3 arbeiten. Diese Dokumentation hat eine, mit diesem R/3-Einsteigerbuch vergleichbare Zielsetzung, nämlich Sie rasch in die Handhabung von R/3 einzuführen und Sie handlungssicher zu machen.

9.9 Exkurs: SAP OSS

Sie können sich im SAP OSS auf verschiedenen Wegen anmelden.
Die Alternativen im Einzelnen:
- ▷ *Menüpfad: SYSTEM / DIENSTE / SAP SERVICE*
- ▷ *Transaktion »/Noss1« im Kommandofeld aufrufen*

Nach Aufruf des SAP OSS erhalten Sie das übliche R/3-Anmeldebild. Sie müssen dieses jetzt mit einem gültigen SAP-Benutzer und Kennwort ausfüllen. Anschließend sehen Sie den in Abbildung 9.8 gezeigten R/3-Bildschirm.

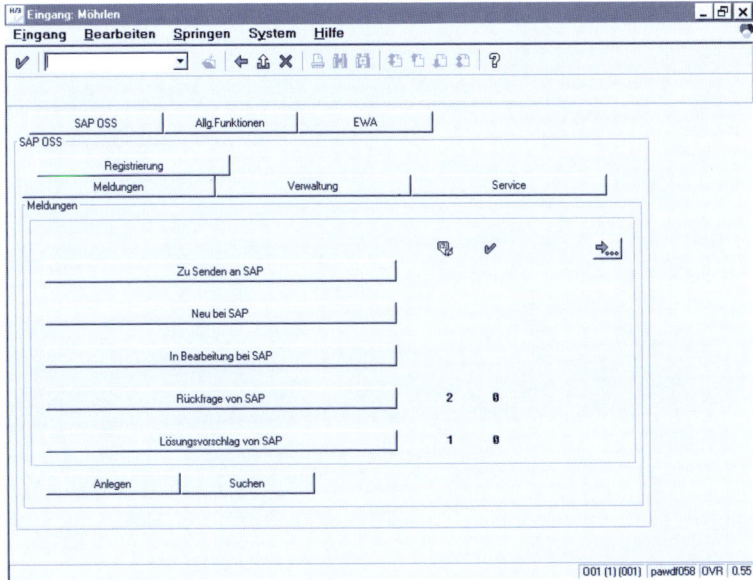

Abbildung 9.8
Grundmenü des SAP OSS
© SAP AG

Das zentrale Element des SAP OSS ist eine Hinweisdatenbank mit Informationen zu bekannten Fehlerfällen, Problemen und allgemeinen Fragen. Das SAP OSS steht Ihnen rund um die Uhr zur Verfügung. Dies bietet den SAP-Kunden den Service, selbständig und unabhängig jederzeit Zugriff auf die umfangreichen Hinweise zu haben, bzw. die weiteren Möglichkeiten des SAP OSS zu nutzen.

Kapitel 10

Die persönlichen Vorgabewerte

In diesem Kapitel stellen wir Ihnen weitere Arbeitserleichterungen für das Tagesgeschäft vor. Es geht jetzt um Eingabefelder, deren Inhalt sich selten ändert. Beispiele für Eingabefelder dieser Art sind

- konstante R/3-Ordnungsbegriffe wie Buchungskreis, Kosten-rechnungskreis, Werk oder Geschäftsbereich
- teilweise konstante R/3-Ordnungsbegriffe wie Planversion, Geschäftsjahr, Periode von, Periode bis

In diesem Kapitel sagen wir Ihnen, wie Sie diese Eingabefelder vorbe-legen können und sich damit Eingaben sparen.

> *Gleich zu Anfang ein Tipp zu den persönlichen Vorgabewerten: Beachten Sie, dass es sich immer nur um Vorschlagswerte han-delt. Das jeweilige Eingabefeld bleibt eingabebereit und Sie kön-nen bei Bedarf den Vorschlagswert mit einem anderen Wert überschreiben.*

Verschiedene Arten Es gibt zwei verschiedene Arten von Vorschlagswerten:

1. Vorschlagswerte, die Sie in Ihrem SAP-Benutzerstammsatz eintragen. Sind diese einmal eingerichtet, so bleiben sie so lange gültig, bis Sie etwas ändern.

2. Vorschlagswerte, die Sie temporär halten und die nach Ende der R/3-Sitzung wieder verschwinden.

10.1 Vorschlagswerte aus dem SAP-Benutzerstamm

Am Ende dieses Abschnittes wissen Sie, wie Sie Vorschlagswerte für R/3-Ordnungsbegriffe und andere Eingabefelder in Ihrem SAP-Benutzerstammsatz speichern können.

Eigenschaften Als besondere Eigenschaften wollen wir hervorheben:

- Sie pflegen die Vorschlagswerte persönlich in Ihrem SAP-Benutzerstammsatz und sind dadurch unabhängig vom Benutzeradministrator.

- Die so gepflegten Vorschlagswerte gelten so lange, bis Sie sie wieder ändern.

So gehen Sie vor – Überblick

Es sind zwei Schritte erforderlich, um im SAP-Benutzerstammsatz einen Vorschlagswert einzutragen. Zunächst müssen Sie wissen, dass es zu denjenigen Eingabefeldern, die Sie vorbelegen können, eine technische Information gibt, die »Parameter-Id« heißt. Diese müssen Sie kennen, denn Sie wird für die Pflege des SAP-Benutzerstammsatzes benötigt.

Checkliste – Überblick Die zwei Schritte im Überblick:

1. Schritt: Ermitteln Sie die Parameter-Id für das Eingabefeld, das Sie vorbelegen möchten.

2. Schritt: Pflegen Sie in Ihrem SAP-Benutzerstammsatz die »eigenen Daten«. Hier tragen Sie die Parameter-Id und den gewünschten Vorschlagswert ein.

So gehen Sie vor – 1. Schritt

Am besten erklären wir Ihnen, wie Sie eine Parameter-Id ermitteln, anhand eines Beispiels. Wir kommen auf das Beispiel aus den Kapiteln 6 und 7 zurück. Dort haben wir die betriebswirtschaftliche Funktion »Innenauftrag anlegen« dazu verwendet, einige Grundlagen der R/3-Handhabung zu erklären.

Wählen Sie den Menüpfad (oder die Baumstruktur in SAP Easy Access): RECHNUNGSWESEN / CONTROLLING / INNENAUFTRÄGE / STAMMDATEN / AUFTRAG / ANLEGEN. Sie können auch direkt die Transaktion »KO01« im Kommandofeld aufrufen. Auf jeden Fall sehen Sie jetzt das Einstiegsbild dieser Funktion (Abbildung 10.1).

Funktion aufrufen

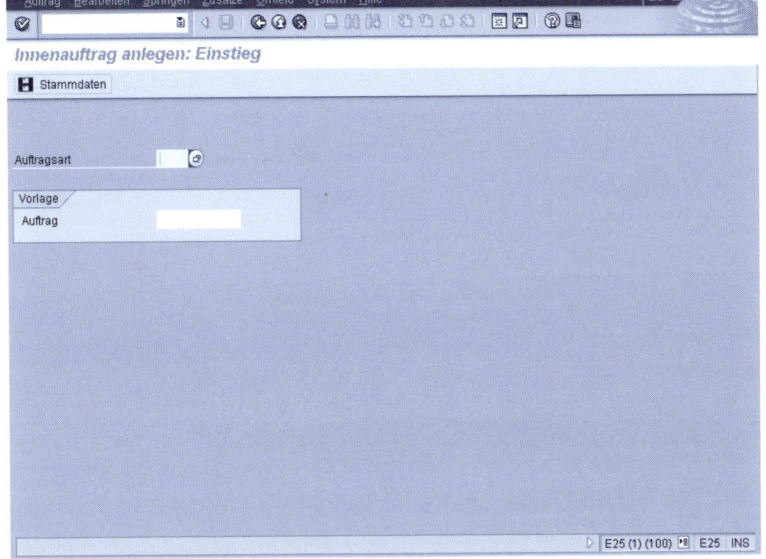

Abbildung 10.1
Auftrag anlegen –
Einstieg
© SAP AG

Es bietet sich an, die Auftragsart im SAP-Benutzerstamm vorzubelegen. Der Cursor befindet sich bereits in dem Eingabefeld »Auftragsart«.

Als nächsten Schritt rufen wir mit der Funktionstaste F1 die Online-Hilfe auf. Abbildung 10.2 zeigt das Dialogfenster mit dem Hilfetext zum Feld »Auftragsart«. Im unteren Teil dieses Dialogfensters sehen Sie eine Drucktastenleiste.

Online-Hilfe aufrufen

Aus der Drucktastenleiste wählen Sie jetzt die Drucktaste »Technische Info«. In diesem Dialogfenster können Sie einige Informationen aus dem SAP Dictionary nachlesen. Sie beschreiben das Datenfeld aus Sicht der Datenverarbeitung (siehe Abbildung 10.3).

Technische Info aufrufen

Eines der Informationsfelder ist die »Parameter-Id«, für die wir uns in diesem Kapitel besonders interessieren. Sie heißt »AAT«. Damit ist der erste Schritt zur Vorbelegung im SAP-Benutzerstamm getan. Wir wissen jetzt, wie die Parameter-Id heißt.

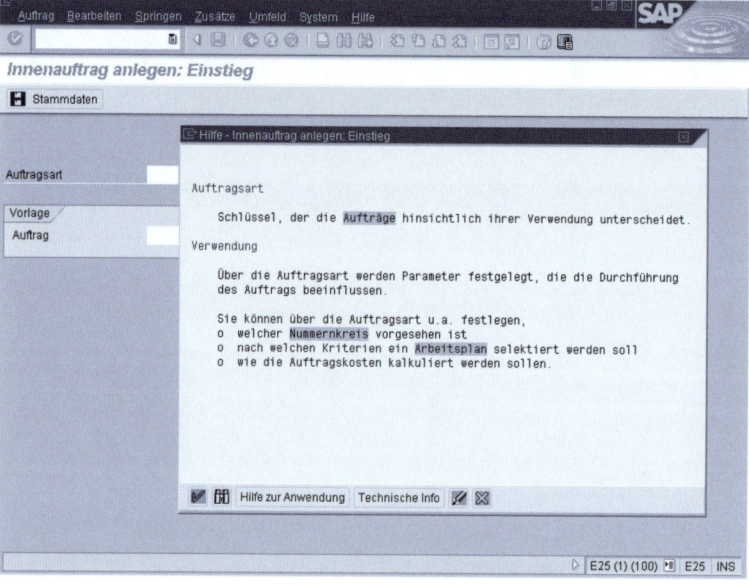

Beachten Sie die folgende Checkliste für das Ermitteln der Para-meter-Id. Gehen Sie genau in dieser Reihenfolge vor, dann geht's ganz einfach:
- ▶ *Setzen Sie den Cursor auf das Eingabefeld, das Sie vorbelegen wollen.*
- ▶ *Lassen Sie sich die Hilfe zum Eingabefeld anzeigen (Funktions-taste* `F1` *).*
- ▶ *Wählen Sie aus dem Dialogfenster die Drucktaste* TECHNISCHE INFO.
- ▶ *Lesen Sie die Parameter-Id aus dem Dialogfenster mit den technischen Informationen ab.*
- ▶ *Schließen Sie alle Fenster wieder mit dem Symbol* ⊠ .

Checkliste

Sie können sich die Parameter-Id vielleicht besser merken, wenn Sie diese einfach in die Zwischenablage kopieren. Das geht so:
1. *Markieren Sie die drei Buchstaben der Parameter-Id mit dem Cursor.*
2. *Verwenden Sie die Tastenkombination* `Strg` `C` *. Damit ist die Parameter-Id in die Zwischenablage übernommen.*
3. *Fügen Sie die Parameter-Id in der Pflegefunktion (Abbildung 10.4) ein. Verwenden Sie hierzu die Tastenkombination* `Strg` `V` *.*

TIPP

So gehen Sie vor – 2. Schritt

In Ihrem SAP-Benutzerstammsatz können Sie eine Reihe von Feldern pflegen, die unter dem Begriff »eigene Daten« zusammengefasst wer-den. Sie können diese Pflegefunktion auf jedem R/3-Bildschirm aufru-fen, denn sie befindet sich in dem Menüpfad SYSTEM.

Wählen Sie also den Menüpfad SYSTEM / BENUTZERVORGABEN / EIGENE DATEN. Sie sehen einen R/3-Bildschirm, der ähnlich wie Abbildung 10.4 aussehen sollte.

Pflegefunktion aufrufen

Was Sie an eigenen Daten pflegen können, ist auf drei Registerkarten untergebracht. Wir benötigen jetzt die Registerkarte PARAMETER. Sie sehen genau, welche Parameter für den SAP-Benutzer bereits vorbelegt wurden.

Abbildung 10.4
Eigene Daten im SAP-
Benutzerstamm
© SAP AG

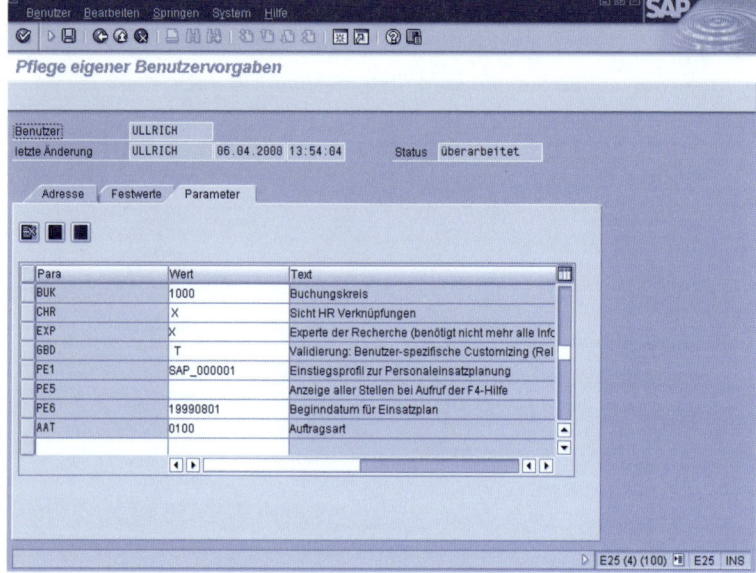

Eintrag erfassen In der letzten Zeile haben wir die Parameter-Id »AAT« mit dem Wert »0100« ergänzt. Wenn wir jetzt die betriebswirtschaftliche Funktion »Innenauftrag anlegen« aufrufen, wird dort immer der Wert »0100« im Eingabefeld »Auftragsart« stehen.

Daten sichern Sie können natürlich beliebig viele Parameter-Ids eintragen. Auch das Löschen von Parametern oder das Ändern des Vorschlagswert ist möglich. Wenn Sie mit der Pflege fertig sind, sichern Sie die Daten. Verwenden Sie hierzu das entsprechende Symbol in der Symbolfunktionsleiste oder die Funktionstaste F11.

Checkliste

> *In der nachfolgenden Checkliste fassen wir die Einzelschritte für das Pflegen der »eigenen Daten« im SAP-Benutzerstamm zusammen:*
>
> ▶ *Rufen Sie den Menüpfad SYSTEM / BENUTZERVORGABEN / EIGENE DATEN auf.*
>
> ▶ *Tragen Sie einen oder mehrere Parameter-Ids in die Liste ein und schreiben Sie den gewünschten Vorschlagswert dazu.*
>
> ▶ *Bei Bedarf können Sie bestehende Vorschlagswerte ändern.*
>
> ▶ *Bei Bedarf können Sie bestehende Vorschlagswerte löschen.*
>
> ▶ *Sichern Sie Ihre Eingaben mit dem Symbol* 🖫 *oder mit der Funktionstaste* F11*.*

> *Wenn ein Eingabefeld keinen Vorschlagswert enthält, obwohl Sie Ihren SAP-Benutzerstamm eigentlich gepflegt haben, so liegt das häufig daran, dass Sie Ihre Dateneingaben nicht gesichert haben. Verlassen Sie also die Pflegefunktion niemals, ohne zu sichern. Ansonsten sind alle Ihre Eingaben verloren. Achten Sie also darauf, den letzten Schritt der Checkliste immer auszuführen.*

Wichtige Parameter-Ids

Beachten Sie, dass wir in der Abbildung 10.4 bewusst diejenigen Parameter-Ids zeigen, die in der Praxis häufig benötigt werden. Sie können diese direkt in Ihren SAP-Benutzerstammsatz eintragen. Beachten Sie auch, dass die Vorschlagswerte aus dem R/3-Demosystem der CIMAP Consulting GmbH stammen und daher nicht mit den richtigen Werten in Ihrer Firma übereinstimmen müssen.

10.2 Daten halten, setzen oder löschen

Manche betriebswirtschaftliche Funktion ist so angelegt, dass umfangreiche Bewegungsdaten erfasst werden können. Beispiele hierzu:

- Das Erfassen für Wareneingänge wird häufig von einem Mitarbeiter aus dem Magazin vorgenommen. Er führt diese betriebswirtschaftliche Funktion mehrmals täglich durch.

- Das Erfassen von Eingangsrechnungen ist eine Tätigkeit, die mehrfach täglich von den jeweiligen Mitarbeitern durchgeführt wird.

Besonders bei der Erfassung von Belegen ist es oft so, dass bestimmte Eingaben, beispielsweise in den Kopfdaten von Belegen, für einen Tag lang gleich bleiben.

Zwischen der Möglichkeit »Daten zu halten« und »Daten zu setzen« besteht ein feiner Unterschied:

Halten oder setzen?

- Mit der Funktion »Daten halten« bleibt das Eingabefeld eingabebereit. Sie können den Vorschlagswert also überschreiben.

- Mit der Funktion »Daten setzen« wird das Eingabefeld schreibgeschützt. Sie können den Vorschlagswert nicht mehr ändern. Wenn Sie diesen Vorschlagswert los werden wollen, müssen Sie die Transaktion verlassen und neu aufrufen.

So halten Sie Daten

Sie finden die Funktionen für das Halten oder Setzen von Daten auf jedem R/3-Bildschirm. Ob die Verwendung auf jedem R/3-Bildschirm

sinnvoll möglich ist, ist eine andere Frage. Wir zeigen die Vorgehensweise anhand des Beispiels aus Kapitel 8, in dem es um das Erfassen
einer Eingangsrechnung geht. Abbildung 10.5 zeigt den passenden
R/3-Bildschirm.

Abbildung 10.5
Belegposition
»Aufwand«
© SAP AG

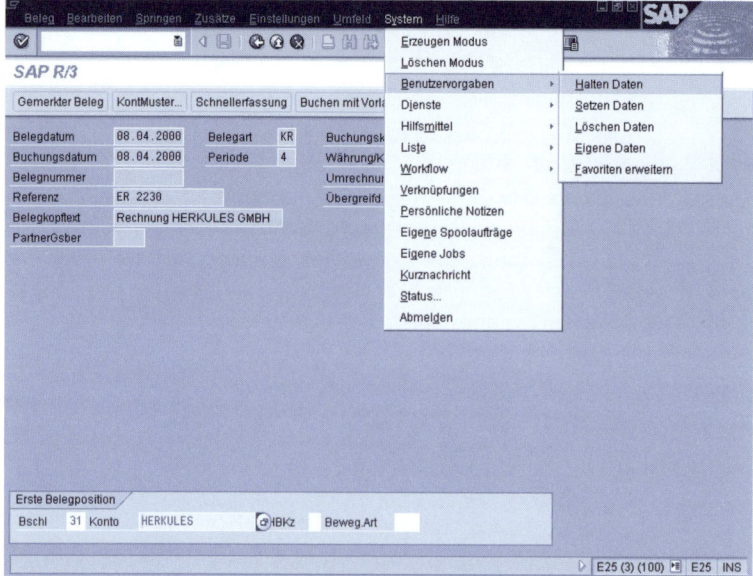

Wie Sie gut erkennen können, haben wir die erforderlichen Daten bereits eingegeben. Wie Sie im rechten oberen Teil des R/3-Bildschirms erkennen können, soll die Funktion »Daten halten« verwendet werden.
Wir haben daher in der Menüleiste den Menüpfad SYSTEM / BENUTZER-
VORGABEN / HALTEN DATEN aufgerufen. Das R/3-System wird uns bestätigen, dass diese Funktion ausgeführt wird. In der Statusleiste erscheint die Informationsmeldung »Daten gehalten«.

Checkliste

> *Wie Sie Daten halten, stellen wir wieder in einer kleinen Checkli-*
> *ste für Sie zusammen. Beachten Sie, dass diese Funktion nicht auf*
> *allen R/3-Bildschirmen sinnvoll ist.*
> - ▷ *Füllen Sie die Eingabefelder auf dem R/3-Bildschirm vollstän-*
>   *dig aus.*
> - ▷ *Rufen Sie dann die Funktion über den Menüpfad SYSTEM / BE-*
>   *NUTZERVORGABEN / DATEN HALTEN auf.*
> - ▷ *Kontrollieren Sie die Statusleiste. Dort steht eine entspre-*
>   *chende Informationsmeldung.*
> - ▷ *Die gehaltenen Daten gehen verloren, wenn Sie sich aus R/3*
>   *abmelden.*

So setzen Sie Daten

Das Setzen von Daten ist in der Handhabung praktisch genauso wie das Halten von Daten. In nahezu jedem R/3-Bildschirm können Sie diese Funktion ausführen. Sie erreichen sie über den Menüpfad SYSTEM / BENUTZERVORGABEN / SETZEN DATEN. Es gibt allerdings zwei ziemliche Unterschiede zum HALTEN DATEN. Beachten Sie:

- Wenn Sie Daten »setzen«, wird das Eingabefeld gegen weitere Eingaben geschützt. Um diesen Schutz aufzuheben, müssen Sie die Transaktion verlassen und neu aufrufen.

- Wenn Sie jetzt mit der Tabulatortaste ⇥ zwischen den Eingabefeldern springen, wird das geschützte Eingabefeld übersprungen. Sie müssen die Tabulatortaste also weniger häufig verwenden, um den R/3-Bildschirm vollständig zu bearbeiten.

So löschen Sie Daten

In Abbildung 10.5 sehen wir einen geeigneten R/3-Bildschirm. Es wurden alle notwendigen Eingabefelder gefüllt. Und jetzt stellen wir fest, dass das alles falsch ist. Sie können jetzt natürlich jedes Eingabefeld einzeln korrigieren. Oder Sie rufen den Menüpfad SYSTEM / BENUTZERVORGABEN / DATEN LÖSCHEN auf. Es werden alle Eingabewerte aus dem R/3-Bildschirm entfernt.

10.3 Mit Tabellen arbeiten

In Kapitel 8, haben Sie – unbewusst – schon mit einer Tabelle gearbeitet. Es geht um das Beispiel »Buchen Wareneingang«. Abbildung 10.6 zeigt den R/3-Bildschirm. Die hier mögliche Listerfassung wird auch als Tabelle bezeichnet.

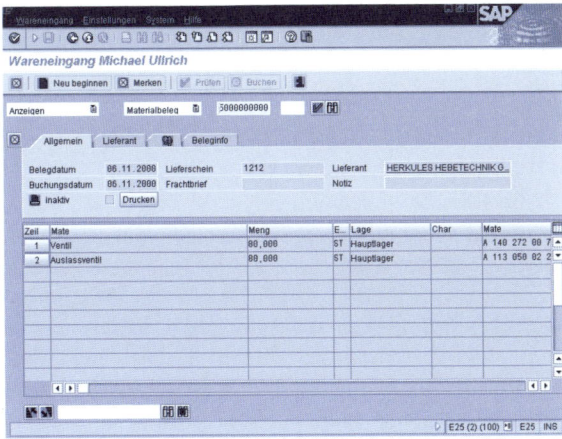

Abbildung 10.6
Wareneingang
erfassen – Listerfassung
© SAP AG

Tabelleneinstellungen (Table-Control)

In Abbildung 10.6 sehen Sie in der rechten oberen Ecke der Tabelle ein kleines Symbol. Es wird auch als »Table-Control« bezeichnet. Mit der Funktion »Tabelleneinstellungen« (Table-Control) haben Sie die Möglichkeit, die Einstellungen für Tabellen individuell zu ändern. Besonders für Tabellen, bei denen Sie nicht alle Spalten für Ihre Arbeit benötigen, ist das prima. Die Funktionen sind sehr umfangreich. Wir nennen Ihnen daher nur die wichtigsten und geben einige Beispiele:

Symbol	Bezeichnung	Beschreibung
	Detail	Sie wechseln die Anzeige und lassen sich zu einem Tabelleneintrag alle Details anzeigen.
	Zeile einfügen	Mit diesem Befehl fügen Sie eine Leerzeile in die Tabelle ein.
	Zeile löschen	Mit diesem Befehl löschen Sie eine Zeile aus der Tabelle.
	Alles markieren	Mit diesem Befehl markieren Sie alle Tabelleneinträge.
	Alle Markierungen löschen	Mit diesem Befehl heben Sie die Markierungen wieder auf.

Tabelle 10.1 Funktionen des Table-Control   Bilder: © SAP AG

In den weiteren Punkten dieses Abschnittes zeigen wir Ihnen einige Bearbeitungsmöglichkeiten, die Sie für Tabellen haben. Es handelt sich dabei teilweise um Funktionen des Table-Controls, teilweise um Funktionen, die Sie zusätzlich nutzen können.

In der Tabelle navigieren

Die Tabelle wird am rechten Rand und am unteren Rand durch eine Bildlaufleiste begrenzt. Mit dieser können Sie vertikal bzw. horizontal in der Tabelle navigieren.

Mehrere Felder kopieren

In Abbildung 10.6 haben wir bereits zwei Positionen erfasst. Die Wareneingangsmenge und die Mengeneinheit soll für alle weiteren Zeilen gleich sein und wir wollen diese daher nicht immer wieder eingeben. Verwenden Sie die Tastenkombination Strg Y, um die Maus in ein Fadenkreuz zu verwandeln und markieren Sie den Bereich, den Sie kopieren möchten. Sie markieren den Bereich, indem Sie die Maus über die Eingabefelder Menge und Mengeneinheit führen. Sie erkennen das an der invertierten Darstellung der Felder. Abbildung 10.7 zeigt das Ergebnis.

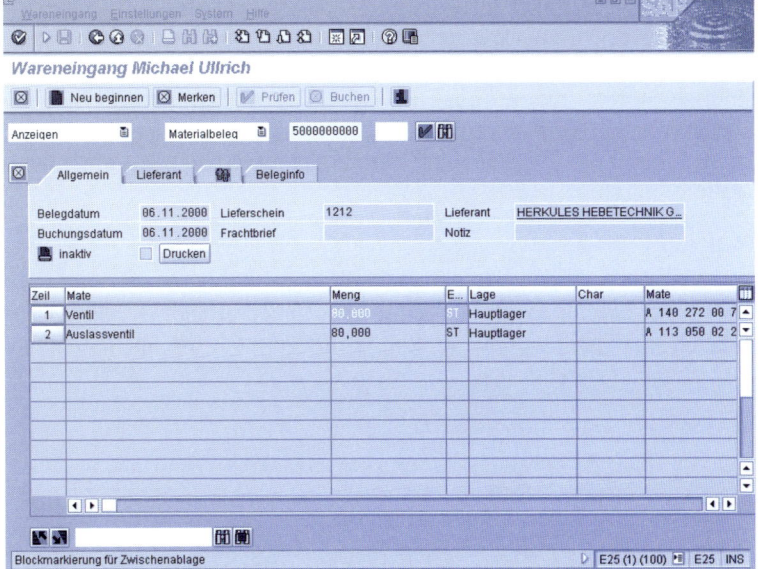

Abbildung 10.7
Mehrere Felder kopieren
© SAP AG

Anschließend kopieren Sie den markierten Bereich in die Zwischenablage. Das geht mit der bekannten Tastenkombination [Strg][C]. Fügen Sie die Zwischenablage dann mit der Tastenkombination [Strg][V] dort ein, wo Sie es wünschen.

> *Das Kopieren von mehreren Tabelleninhalten erfordert etwas Fingerfertigkeit. Mit etwas Übung wird es aber gut funktionieren, denn eigentlich verwenden Sie allgemein übliche Tastenkombinationen, die Ihnen aus anderen PC-Anwendungen schon bekannt sind. Im Einzelnen:*
>
> ▶ *Verwandeln Sie die Maus mit der Tastenkombination [Strg][Y] in ein Fadenkreuz.*
>
> ▶ *Markieren Sie mit dem Fadenkreuz den Bereich, der kopiert werden soll.*
>
> ▶ *Kopieren Sie den Bereich mit der Tastenkombination [Strg][C] in die Zwischenablage.*
>
> ▶ *Fügen Sie die Zwischenablage am gewünschten Ort mit der Tastenkombination [Strg][V] wieder ein.*

Checkliste

Spaltenüberschrift lesen

Die Spalten sind immer nur so breit, wie das Eingabefeld im SAP Dictionary definiert ist. So kommt es gelegentlich zu etwas sehr kurzen Spaltenüberschriften, die nur noch wenig aussagefähig sind. Hier hilft der Cursor weiter: Positionieren Sie den Cursor auf der Spaltenüberschrift. Es wird Ihnen die QuickInfo mit dem aussagefähigeren Langtext einer Spaltenüberschrift angezeigt.

Spaltenbreite ändern

Am einfachsten ändern Sie die Spaltenbreiten mit der Maus. Wenn Sie den Cursor zwischen zwei Spalten setzen, so verwandelt sich der Mauszeiger in ein Spaltenkreuz. Sie können mit diesem die Spalten breiter oder schmaler ziehen.

Kapitel 11

So arbeiten Sie im Spezialistenmodus

Zwei Verfahren für das Arbeiten im Spezialistenmodus stellen wir Ihnen in diesem Kapitel vor:

- Zum einen geht es um das Arbeiten mit Transaktionen.
- Zum anderen geht es um die Verknüpfung einer Bearbeitungsfunktion mit dem Windows-Desktop.

11.1 Mit Transaktionen arbeiten

Den Begriff »Transaktion« kann man mit »Vorgang« oder »betriebs-
wirtschaftlicher Funktion« übersetzen. Ein Vorgang umfasst alle Einzelschritte, also die Eingaben über mehrere R/3-Bildschirme hinweg, die zu
einer betriebswirtschaftlichen Funktion gehören. Beispiele hierzu haben
wir Ihnen unter anderem in Kapitel 8 vorgestellt. **Der Begriff**

In R/3 wird jede betriebswirtschaftliche Funktion und jedes SAP-Menü
mit einem Transaktionscode eindeutig identifiziert. Der Transaktionscode besteht aus mindestens vier Zeichen, die Zahlen und/oder Buchstaben sein können. Hier ein paar Beispiele: **Transaktionscode**

Transaktionscode	Betriebswirtschaftliche Funktion
KO01	Innenauftrag anlegen
FB01	Beleg buchen
MB01	Wareneingang buchen
MMR1	Materialstamm anlegen

Tabelle 11.1 Beispiele für Transaktionscodes

Kommandofeld

Wenn Sie direkt mit einem Transaktionscode arbeiten wollen, müssen Sie ihn direkt auf dem R/3-Bildschirm eingeben. Hierfür ist das Kommandofeld vorgesehen, das Sie links oben in der Systemfunktionsleiste sehen. Beachten Sie bitte die Eingaberegeln in Tabelle 11.2:

Eingabe	Beschreibung
/n	Die laufende Transaktion wird abgebrochen. Die bislang erfassten Daten gehen verloren. Sie erhalten hierüber keinen weiteren Hinweis.
/n+»CODE«	Der Begriff »CODE« steht stellvertretend für einen Transaktionscode. Mit dieser Eingabe beenden Sie die aktuelle betriebswirtschaftliche Funktion, ohne die Daten zu sichern, und Sie rufen gleichzeitig eine neue betriebswirtschaftliche Funktion auf.
/i	Mit dieser Eingabe löschen Sie den aktiven Modus. Der Befehl ist gleichbedeutend mit der Menüfunktion SYSTEM / LÖSCHEN MODUS. Wenn kein weiterer R/3-Bildschirm geöffnet ist, melden Sie sich ab.
/o	Mit dieser Eingabe rufen Sie ein Dialogfenster auf, das Ihnen die so genannte »Modusliste« anzeigt. Sie können in dieser Liste übersichtlich erkennen, wie viele R/3-Bildschirme Sie geöffnet haben und welche betriebswirtschaftliche Funktion dort jeweils aktiv ist.
/nend	Mit dieser Zeichenfolge melden Sie sich aus R/3 ab.

Tabelle 11.2 Eingaberegeln für das Kommandofeld

Merken Sie sich die Eingaberegeln für das Kommandofeld. Es sind nicht viele Regeln und bei häufiger Anwendung werden sie Ihnen in Fleisch und Blut übergehen.

Transaktionscode ermitteln

Sie können natürlich nur mit einem Transaktionscode im Spezialistenmodus arbeiten, wenn Sie diesen kennen. Es gibt zwei Alternativen den, meist vierstelligen Transaktionscode herauszufinden:

1. Wenn Sie mit SAP® Easy Access arbeiten, können Sie die Darstellung der Baumstruktur so ändern, dass Sie die Transaktionscodes sehen können. Wir haben die Vorgehensweise in Kapitel 5.3 beschrieben.

2. In jedem SAP R/3-Bildschirm können Sie den aktuellen Transaktionscode über die Menüfolge SYSTEM / STATUS abfragen. Wie das aussieht, haben wir für Sie anhand eines Beispiels dargestellt.

Ein Beispiel

Wir haben in diesem R/3-Einführungsbuch schon mehrfach die betriebswirtschaftliche Funktion »Innenauftrag anlegen« verwendet und wir haben behauptet, dass die zugehörige Transaktion, also der Transaktionscode, »KO01« heißt. Wir überprüfen das jetzt gemeinsam.

Zu diesem Zweck rufen wir über den bekannten Menüpfad RECHNUNGSWESEN / CONTROLLING / INNENAUFTRÄGE / STAMMDATEN / AUFTRAG / ANLEGEN auf. Abbildung 11.1 zeigt den bereits bekannten R/3-Bildschirm.

Arbeitsgebiet aufrufen

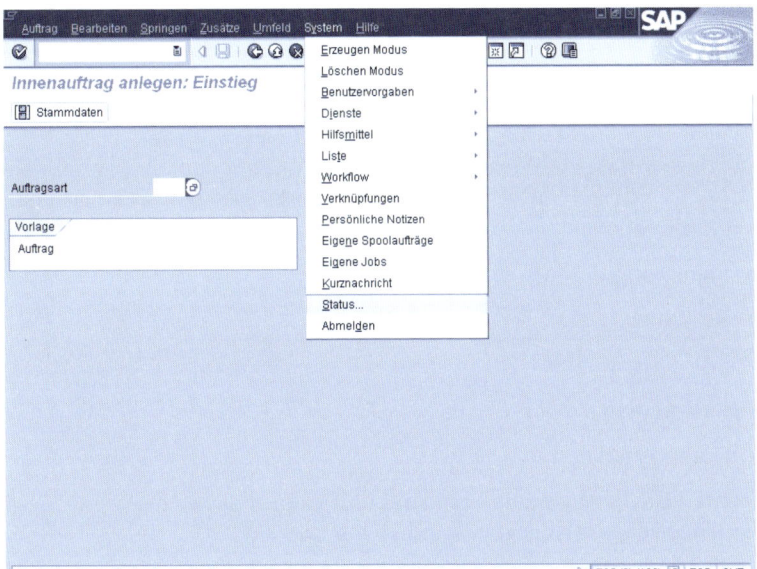

Abbildung 11.1
Innenauftrag anlegen –
Einstieg
© SAP AG

Status abfragen   Zusätzlich haben wir jetzt das Menü SYSTEM geöffnet und den Cursor auf der Zeile STATUS positioniert. Führen Sie jetzt also die Menüfolge SYSTEM / STATUS aus. Abbildung 11.2 zeigt das Ergebnis der Statusabfrage.

Abbildung 11.2
Dialogfenster zum
Systemstatus
© SAP AG

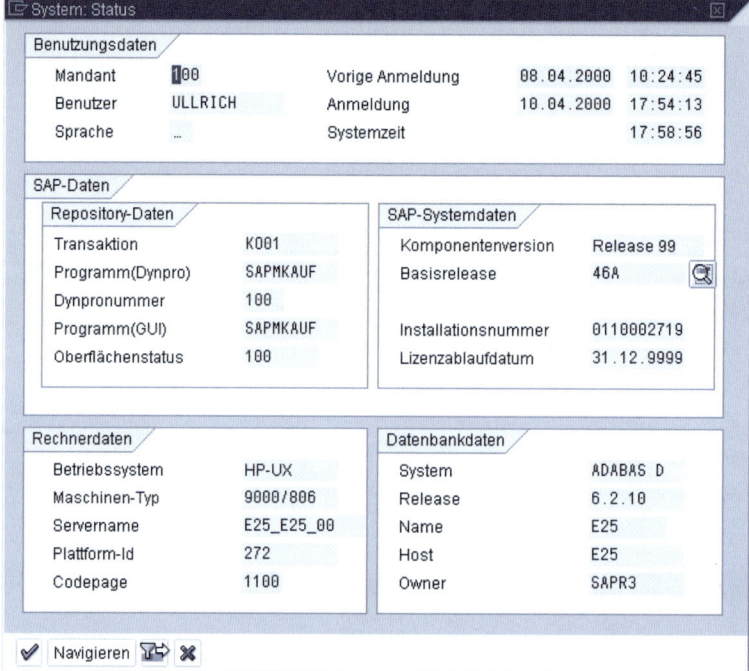

System: Status		
Benutzungsdaten		
Mandant	100	Vorige Anmeldung 08.04.2000 10:24:45
Benutzer	ULLRICH	Anmeldung 10.04.2000 17:54:13
Sprache	...	Systemzeit 17:58:56

SAP-Daten

Repository-Daten

Transaktion	KO01
Programm(Dynpro)	SAPMKAUF
Dynpronummer	100
Programm(GUI)	SAPMKAUF
Oberflächenstatus	100

SAP-Systemdaten

Komponentenversion	Release 99
Basisrelease	46A
Installationsnummer	0110002719
Lizenzablaufdatum	31.12.9999

Rechnerdaten

Betriebssystem	HP-UX
Maschinen-Typ	9000/806
Servername	E25_E25_00
Plattform-Id	272
Codepage	1100

Datenbankdaten

System	ADABAS D
Release	6.2.10
Name	E25
Host	E25
Owner	SAPR3

✔ Navigieren 🔁 ✖

Der Systemstatus gibt einige technische Informationen, die auch für Sie als R/3-Einsteiger interessant sein dürften. Es gibt sechs Feldgruppen mit Informationen:

- Benutzungsdaten

- Repository-Daten

- SAP-Systemdaten

- Rechnerdaten

- Datenbankdaten

Richten Sie Ihr Augenmerk bitte auf die Feldgruppe »SAP-Daten«. Dort finden Sie den vierstelligen Transaktionscode »KO01«.

Transaktion   Verlassen Sie dieses Dialogfenster mit der ⏎-Taste oder mit dem
anwenden   Symbol ✖. Verlassen Sie auch die aktuelle betriebswirtschaftliche Funktion und kehren Sie in die oberste Ebene des SAP-Menüs zurück.

An dieser Stelle wollen wir jetzt den ermittelten Transaktionscode ausprobieren. Abbildung 11.3 zeigt, wie das geht.

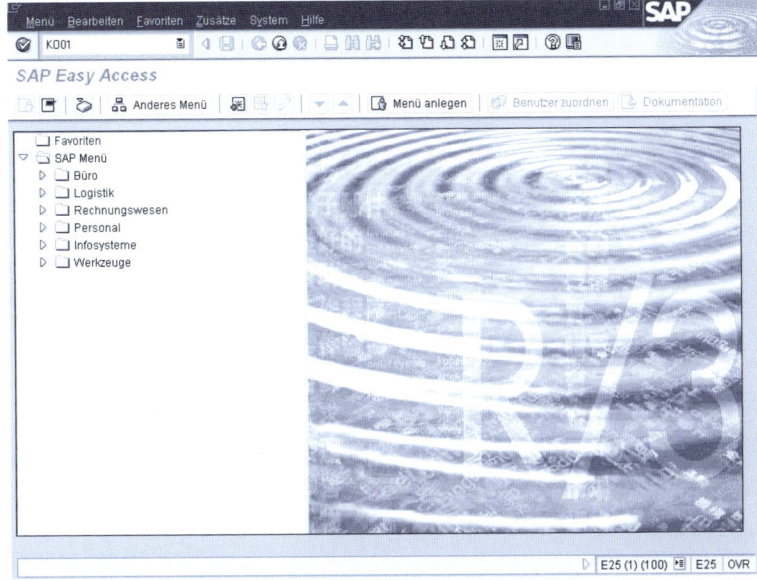

Abbildung 11.3
Eingabe der Transaktion
im Kommandofeld
© SAP AG

*In folgender Checkliste fassen wir zusammen, wie Sie einen
Transaktionscode ermitteln und wie Sie ihn anschließend anwenden können:*

Checkliste

- ▶ *Wenn Sie mit SAP Easy Access arbeiten, lassen Sie sich die
technischen Namen anzeigen (Kapitel 5.3).*
- ▶ *Wenn Sie mit dem SAP-Menü arbeiten, fragen Sie den System-
status über die Menüfolge SYSTEM / STATUS ab.*
- ▶ *Notieren Sie sich auf jeden Fall den meist vierstelligen Trans-
aktionscode.*
- ▶ *Geben Sie den Transaktionscode mit vorangestelltem »/n« im
Kommandofeld ein.*
- ▶ *Bestätigen Sie die Eingabe mit Datenfreigabe.*
- ▶ *Das R/3-System ruft die betriebswirtschaftliche Funktion oder
das Menü auf.*

> **TIPP**
>
> *Die korrekte Eingabe nehmen Sie in der Form »/n«+»KO01« vor.*
> *Dabei ist es dem R/3-System egal, ob Sie Groß- oder Kleinschrei-*
> *bung wählen. Es sind also folgende Eingaben richtig:*
> ▶ */nKO01*
> ▶ */NKO01*
> ▶ */nko01*
> ▶ */Nko01*

11.2 Verknüpfungen mit dem Windows-Desktop

Verknüpfungen mit dem Windows-Desktop können Sie herstellen, wenn Sie mit Windows® 95, Windows® 98 oder mit Windows® NT arbeiten. Wir zeigen Ihnen, wie Sie aus der Windows-Oberfläche direkt auf

- Transaktionen,
- Reports oder
- Systemkommandos

zugreifen können.

Um eine Windows-Desktop-Verknüpfung erstellen zu können, wählen Sie in Ihrer Anwendung das Symbol 🔗 . Es erscheint das in Abbildung 11.4 gezeigte Popup-Fenster.

Abbildung 11.4
Popup — SAPGUI
Verknüpfung
©SAP AG

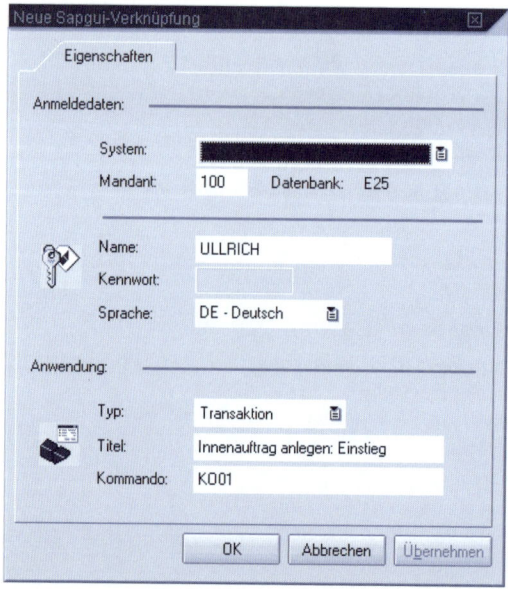

Hier sehen Sie, dass der dazugehörige Transaktionscode automatisch in diesem Fenster eingestellt ist. Durch betätigen der Schaltfläche »OK« stellen Sie die Verknüpfung mit dem Windows-Desktop her und können somit auf einfachste Weise künftig direkt in diese Transaktion verzweigen.

II.3 Neuen Modus und Anwendung gleichzeitig öffnen

In Kapitel 4.3 haben wir Ihnen erklärt, wie Sie in mehreren R/3-Bildschirmen parallel arbeiten können.

- Über den Menüpfad SYSTEM / ERZEUGEN MODUS können Sie einen neuen Modus öffnen.

- Über den Menüpfad SYSTEM / LÖSCHEN MODUS schließen Sie einen Modus, den Sie nicht mehr benötigen.

Den etwas fortgeschrittenen R/3-Einsteigern unter Ihnen sagen wir noch, wie Sie einen neuen Modus und gleichzeitig eine neue betriebswirtschaftliche Funktion aufrufen können. Voraussetzung ist, dass Sie den Namen der Transaktion kennen. Wie Sie diesen ermitteln, wissen Sie (Menü SYSTEM / STATUS).

1. *Ermitteln Sie den Namen der Transaktion.*

2. *Setzen Sie den Cursor in das Kommandofeld. Es befindet sich links in der Symbolfunktionsleiste.*

3. *Tragen Sie zunächst die Werte »/o« ein und anschließend den Namen der Transaktion.*

4. *Bestätigen Sie Ihre Eingabe mit der* ⏎ *-Taste.*

Checkliste

Kapitel 12

Ein erster Blick: R/3-Informationssysteme

Zu jedem R/3-Modul gehört ein umfangreiches Berichtswesen, ein eigenes Informationssystem, zur Auswertung aller wesentlichen Daten. In diesem Kapitel geben wir Ihnen einen ersten Einblick in diese R/3-Informationssysteme. Dazu teilen wir das Kapitel in vier Absätze:

- Führungs-Informationssystem (EIS = Executive Information System)
- Logistik-Informationssystem (LIS)
- SAP Business Warehouse (SAP BW)
- Weitere Techniken für das Berichtswesen

12.1 Wissenswertes

Die genannten Informationssysteme werden parallel in R/3 verwendet. Sie stehen nicht in Konkurrenz zueinander, sondern sie hängen betriebswirtschaftlich und technisch zusammen. Sie bilden eine »Hierarchie« der Informationssysteme. Abbildung 12.1 soll dies veranschaulichen.

Hierarchie der Informationssysteme

Dabei ist das EIS die »Spitze«. Damit meinen wir, dass die operativen Informationssysteme wie das LIS, HIS und Fremdanwendungen verdichtete und besonders aufbereitete Daten für das EIS bereitstellen.

In der eingangs genannten Liste haben wir das »LIS« erwähnt. Wir behandeln es in diesem R/3-Einsteigerbuch stellvertretend für weitere Informationssysteme, die in Abbildung 12.1 unter ähnlichen Abkürzungen wie »HIS«, »VIS« und »XIS« zu sehen sind.

Operative Informationssysteme

ExecutiveInformationSystem(EIS)			
UnternehmensdatenundkritischeErfolgsfaktoren			

LIS	HIS	FIS	XIS
Logistik-informations-system	Personal-informations-system	Finanz-informations-system	Externe Informations-systeme

Vertriebs-informationssystem	Einkaufs-informationssystem	Bestandscontrolling
Fertigungs-informationssystem	Qualitätsmanagement-informationssystem	Instandhaltungs-und Servicemanagementinfo

SAP Business Warehouse   Die Zielsetzung und betriebswirtschaftliche Bedeutung des SAP Business Warehouse, das mit dem Begriff »SAP BW« abgekürzt wird, ist mit dem EIS vergleichbar. SAP BW ist weitgehend die technologische Neuentwicklung, gewissermaßen das Nachfolgeprodukt des EIS. Es kann dieses ersetzen, beziehungsweise im Unternehmen mit diesem kombiniert werden. Das EIS ist im Lieferumfang der R/3-Standardsoftware enthalten. Dagegen ist SAP BW ein selbstständiges Software-Produkt, das von der SAP AG getrennt verkauft und lizenziert wird.

Weitere Techniken   Am Ende dieses Kapitels werden Sie weitere Techniken kennen lernen, mit denen in R/3 die umfangreichen Daten ausgewertet und Berichte erstellt werden können.

... und noch etwas zum Verständnis der Informationssysteme

Die Technik   Informationssysteme basieren auf betriebswirtschaftlichen Konzepten und Zielsetzungen. Für jedes Informationssystem gibt es typische Anwendergruppen in den Unternehmen. Da die Informationssysteme in R/3 immer von den SAP-Kunden weiterentwickelt werden, ist ein Informationssystem auch immer eine Technik, die von den Mitarbeitern eines Unternehmens erlernt und angewandt wird. Für jedes Informationssystem gibt es also zwei Schwerpunkte, die zu betrachten sind:

- Zum einen die technische Sicht, die erklärt, wie die Daten überhaupt aus dem umfangreichen Datenhaushalt von R/3 selektiert und für den SAP-Benutzer aufbereitet werden (Datenhaltung).

- Zum anderen die Sicht der SAP-Benutzer, die ein Informationssystem anwenden, das heißt, die Daten auswerten und analysieren (Präsentation).

Sie werden daher in diesem Kapitel eine Mischung aus beiden Schwerpunkten finden, was für ein ganzheitliches Verständnis wichtig ist.

12.2 Führungs-Informationssystem (EIS)

Das Führungs-Informationssystem hat den R/3-Modulnamen »EIS«. **Grundbegriffe**
Diese Abkürzung wird mit »Executive Information System« übersetzt.
Das EIS ist wesentlicher Schwerpunkt der R/3-Anwendung »Unterneh-
menscontrolling«.

Datenhaltung

Das EIS ist in erster Linie ein Werkzeug, mit dem eine Informationsdatenbank aufgebaut wird. Damit ist es flexibel und kann rasch an die sich
ändernden Anforderungen im Management angepasst werden. Betrachten Sie bitte die Abbildung 12.2. Wir wollen die Grundlagen der
Datenhaltung anhand dieser Abbildung erklären.

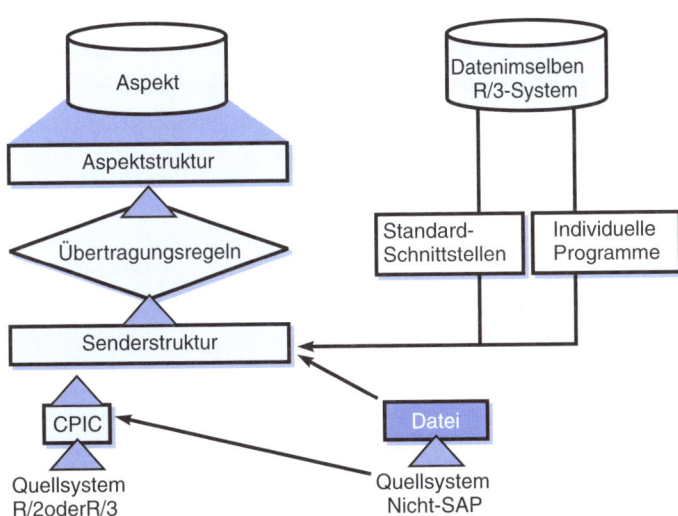

Abbildung 12.2
Datenbasis und
Datenübertragung
für das EIS
© SAP AG

Zunächst muss der SAP-Kunde seine Informationsdatenbank strukturie- **Aspekte**
ren. Er definiert hierzu Datentabellen, die als »Aspekte« bezeichnet
werden. Ein Aspekt beinhaltet einen in sich geschlossenen Datenbereich
zu einem bestimmten betriebswirtschaftlichen Thema. Ein Aspekt wird
inhaltlich im Wesentlichen durch (Fix-)Merkmale und Kennzahlen beschrieben.

Die Übertragungsregeln sind die Schnittstelle zwischen den operativen **Übertragungs-**
Anwendungen, aus denen Daten an das EIS übergeleitet werden. Sie **regeln**
werden ebenfalls von dem SAP-Kunden festgelegt. Die angelieferten

Daten werden an die Aspekte weitergegeben. Sie werden in diesem Verarbeitungsschritt in vielfältiger Weise verdichtet oder umgruppiert. Beispiele:

- Im EIS vorhandene Daten werden überschrieben oder ergänzt.

- Monatswerte werden zu Quartalswerten zusammengefasst.

- Die Landeswährung wird in die Konzernwährung umgerechnet.

Datenüberleitung   Die Senderstrukturen werden aus beliebigen betriebswirtschaftlichen Anwendungen mit Daten versorgt. Es gibt verschiedene Verfahren, um Daten in das EIS zu übernehmen:

- Datenübernahme mit vordefinierten Schnittstellen aus den operativen R/3-Modulen.

- Datenübernahme aus einer R/2-Anwendung oder aus anderen R/3-Anwendungen.

- Datenübernahme aus externen Anwendungen, beispielsweise für Marktforschungsdaten oder logistische Kennzahlen.

- Daten können auch manuell in die Aspekte eingegeben werden.

Präsentation

Mit Hilfe der Übertragungsregeln und den unterschiedlichen Verfahren konnten die Aspekte mit umfangreichen Daten gefüllt werden. Unter dem Begriff »Präsentation« geht es nun darum, die Daten für die SAP-Benutzer zur Analyse und Auswertung aufzubereiten. Abbildung 12.3 zeigt den Datenwürfel des EIS. Er soll veranschaulichen, dass die Berichtsdaten in verschiedenen Dimensionen und Sichten betrachtet und analysiert werden können.

Abbildung 12.3
Datenwürfel EIS
© SAP AG

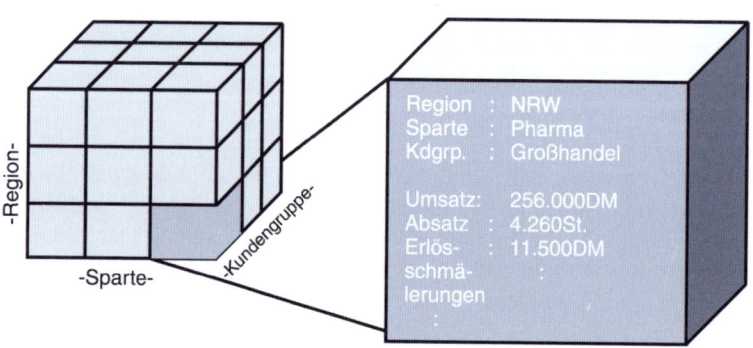

Die Analyse- und Berichtsfunktionen lassen sich mit drei Schlagwörtern treffend strukturieren und beschreiben.

Für jede Gruppe von Berichtsempfängern werden die Berichte in einem Berichtsheft übersichtlich zusammengestellt. Die Analysen können mit Langtexten kommentiert und mit SAPOffice versendet werden. **Berichtshefte**

Zu jeder Analyse können Sie eine »Exception« definieren. Exceptions sind Hilfsmittel, mit denen sich außergewöhnliche Abweichungen aufspüren lassen. Die Exception wird farblich (Ampelfunktion) hervorgehoben. Wenn eine Ausnahmesituation eintritt, wird diese von der Exception erkannt und kann zusätzlich über den SAP Business Workflow an einen oder mehrere Empfänger gemeldet werden. **Exception-Analysen**

Es gibt verschiedene Formen der Recherche, den Ad-hoc-Bericht und den Formularbericht. Der Aufbau von Ad-hoc-Berichten wird vom System vorgegeben. Damit gibt es zwar nicht so viele Freiheitsgrade, was die Gestaltung angeht, dafür geht's aber schneller. Der Formularbericht ist da flexibler, der Aufwand zur Erstellung eines solchen Berichts ist naturgemäß höher. Formularberichte bieten für die Aufbereitung der Daten an: **Recherchen**

- Aufrissliste

- Interaktive Analyse

- Detailliste

12.3 Logistik-Informationssystem (LIS)

Das Logistik-Informationssystem (LIS) ist ein Baustein des Open Information Warehouse (OIW) von R/3. Es ist ein operatives Informationssystem, das in den R/3-Modulen der Logistik eingesetzt wird. Genau genommen gibt es also nicht »das« LIS, sondern mehrere LIS, die technisch die gleichen Verfahren zur Datenbereitstellung und Analyse verwenden: **Open Information Warehouse**

- Vertriebs-Informationssystem

- Einkaufs-Informationssystem

- Bestandscontrolling

- Fertigungs-Informationssystem

- Instandhaltungs-Informationssystem

- Qualitätsmanagement-Informationssystem

- Informationssystem für den Customer Service

In den nachfolgenden Absätzen geben wir Ihnen einen Überblick zu den wesentlichen Grundbegriffen und stellen Ihnen vor:

- die Grundlagen der Datenhaltung (Informationsstrukturen)

- die wesentlichen Elemente der Präsentation (Standardanalysen, flexible Analysen, Exception-Analysen)

Datenhaltung

Informations-strukturen Die Datenbasis im LIS wird in Datentabellen geschaffen, die als »Informationsstrukturen« bezeichnet werden. Eine Informationsstruktur ist etwas Ähnliches wie ein »Aspekt« (vgl. EIS). Eine Informationsstruktur beinhaltet einen in sich geschlossenen Datenbereich zu einem bestimmten betriebswirtschaftlichen Thema. Sie wird inhaltlich im Wesentlichen durch (Fix-)Merkmale, Kennzahlen und Regeln zur Periodizität beschrieben.

Customizing Im Customizing müssen Sie das LIS für den jeweiligen betriebswirtschaftlichen Schwerpunkt, also je R/3-Modul akivieren. Es werden dann Daten aus Buchungen, beispielsweise aus dem Einkauf oder aus der Instandhaltung, zusätzlich für das LIS in einer oder mehreren Informationsstrukturen fortgeschrieben.

Übertragungs-regeln Ähnlich wie beim EIS werden bei dieser zusätzlichen Datenfortschreibung Übertragungsregeln angewandt. Dabei werden nach frei definierbaren Regeln Daten verdichtet und umgruppiert.

Präsentation

Der Aufbau Abbildung 12.4 zeigt das SAP-Menü des Instandhaltungs-Informationssystems. Sie haben zwei Möglichkeiten, das LIS der Instandhaltung, das genau genommen als PM-IS bezeichnet wird, aufzurufen:

- Einmal über die R/3-Anwendung der Instandhaltung. Wählen Sie hier den Menüpfad: LOGISTIK / INSTANDHALTUNG / INFORMATIONS-SYSTEM.

- Einmal über das betriebswirtschaftliche Fachgebiet »Infosysteme«. Wählen Sie hier den Menüpfad: INFOSYSTEME / LOGISTIK /INSTAND-HALTUNG.

Der inhaltliche Aufbau des SAP-Menüs für das Logistik-Informationssystem ist für alle logistischen Module gleich. Von oben nach unten werden immer die Standardanalysen, dann die flexiblen Analysen usw. angeboten. Modulbezogene Unterschiede gibt es dann im Untermenü der STANDARDANALYSEN. Das ist klar, denn je R/3-Modul werden verschiedene Informationsstrukturen zu verschiedenen betriebswirtschaftlichen Aufgabenstellungen verwendet.

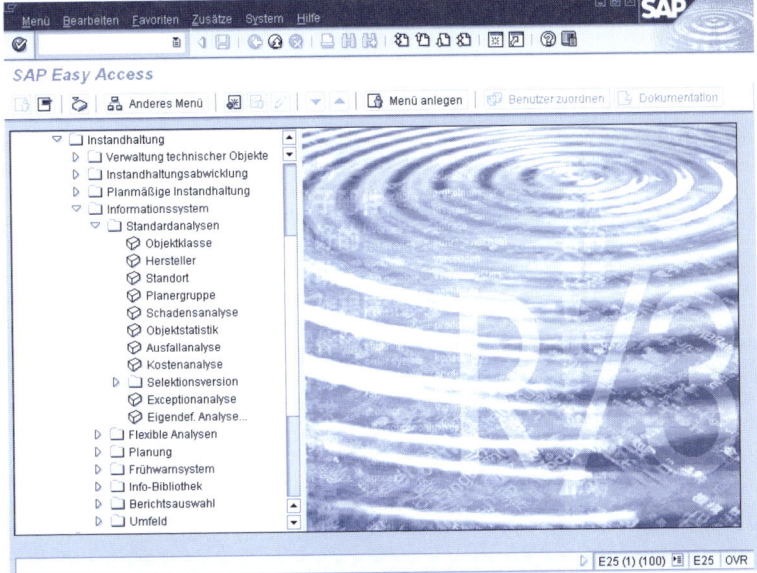

Abbildung 12.4
Das SAP-Menü eines LIS
© SAP AG

Wie Sie aus dem Begriff »Standardanalyse« schließen können, werden diese Analysen von der SAP AG an die SAP-Kunden ausgeliefert. Das heißt, dass Sie die Informationssysteme der Logistik in Ihrem Haus, sofort und ohne weiteren konzeptionellen Aufwand einsetzen können.

Standardanalysen

Eine flexible Analyse erstellen Sie, wenn Ihnen der Aufbau oder die Inhalte einer Standardanalyse nicht genügen. Mit einer flexiblen Analyse werten Sie Daten aus einer oder mehreren Informationsstrukturen nach Ihren Vorstellungen aus.

Flexible Analysen

Anhand von Schwellwerten oder Trendwerten legen Sie verschiedene Warnstufen (Ampelfunktion) für kritische Kennzahlen fest. Wird der Schwellwert erreicht, erhalten die SAP-Benutzer entsprechende Warnmeldungen. Wenn Sie den SAP Business Workflow für das Frühwarnsystem verwenden, erhalten die Benutzer diese Warnmeldungen über den Eingangskorb im SAPOffice oder, wenn es »Expressmeldungen« sind, direkt in einem zusätzlichen Dialogfenster am R/3-Bildschirm.

Exception-Analysen

Beispiel für eine Standardanalyse

Nach so viel Theorie wollen wir Ihnen jetzt eine Standardanalyse aus dem LIS zeigen. Wir wählen ein Beispiel aus der Instandhaltung. Wir zeigen Ihnen eine Kostenanalyse für einen Kraftwerksblock. Dieser wird in R/3 mit einer Hierarchie technischer Plätze dargestellt. Zu jedem Anlagenteil des Kraftwerksblocks können Instandhaltungsmaßnahmen

ausgeführt werden. Die Kosten dieser Maßnahmen werden kostenar-
tengenau verbucht und können im Informationssystem mit der erwähnten Kostenanalyse ausgewertet werden.

Abbildung 12.5
Grundliste der
Kostenanalyse
© SAP AG

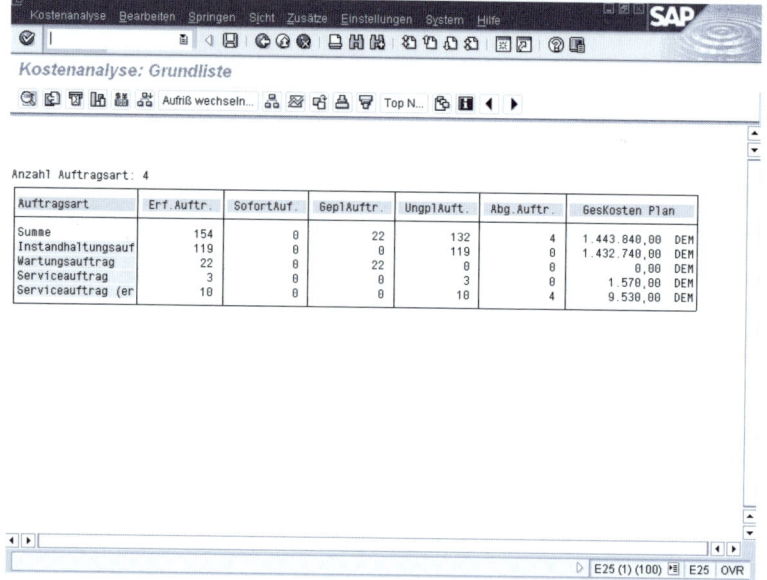

Auftragsart	Erf.Auftr.	SofortAuf.	GeplAuftr.	UngplAuft.	Abg.Auftr.	GesKosten Plan	
Summe	154	0	22	132	4	1.443.840,00	DEM
Instandhaltungsauf	119	0	0	119	0	1.432.740,00	DEM
Wartungsauftrag	22	0	22	0	0	0,00	DEM
Serviceauftrag	3	0	0	3	0	1.570,00	DEM
Serviceauftrag (er	10	0	0	10	4	9.530,00	DEM

Aufbau der Grundliste

In Abbildung 12.5 sehen Sie die Grundliste der Kostenanalyse. Zunächst zum Spaltenaufbau:

- Die erste Spalte beinhaltet das Merkmal, auf das sich die Kennzahlen beziehen. In unserem Beispiel ist die »Auftragsart« das Merkmal.

- Die folgenden Spalten zeigen die Kennzahlen, die zu dem Merkmal gehören, beispielsweise die Anzahl von Sofortaufträgen, geplanten Aufträgen usw.

Wechseln der Sicht

Mit dem »Doppelklick« auf ein Merkmal wechseln Sie die Sicht der Analyse. In der Hierarchie der Merkmale der Kostenanalyse ist festgelegt, dass als nächstes Merkmal in die Sicht der »IH-Leistungsarten« gewechselt wird.

Andere Sicht

Abbildung 12.6 zeigt den Aufriss der Informationen nach der IH-Leistungsart. In unserem Beispiel haben wir den »Doppelklick« auf der Auftragsart »Instandhaltungsauftrag« ausgeführt. Daher sehen wir jetzt, welche IH-Leistungsarten zur weiteren Klassifizierung der Instandhaltungsaufträge verwendet wurden. Des Weiteren beziehen sich die bereits erwähnten Kennzahlen auf diese IH-Leistungsarten. Die Kennzahlen beziehen sich jetzt auf den Begriff »Kennzahl je Auftragsart/IH-Leistungsart«.

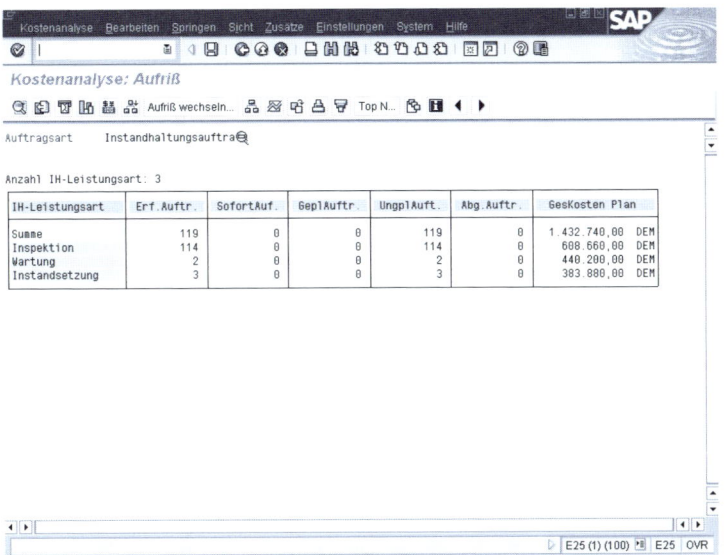

Abbildung 12.6
Aufriss nach IH-
Leistungsarten
© SAP AG

Beachten Sie, dass das Merkmal »Auftragsart« mit der zuvor selektier-ten Ausprägung »Instandhaltungsauftrag« in den oberen Bereich des R/3-Bildschirms verschoben wurde. Diese Darstellungsweise soll Ihnen helfen, sich in der mehrstufigen Analysehierarchie zurecht zu finden.

Hierarchie beachten

Wir setzen unser Beispiel fort und rufen mit dem »Doppelklick« auf dem Merkmalswert »Inspektion« die Kennzahlen auf, die sich auf den Begriff »Kennzahl je Auftragsart/IH-Leistungsart/Technischen Platz« beziehen.

Wechseln der Sicht

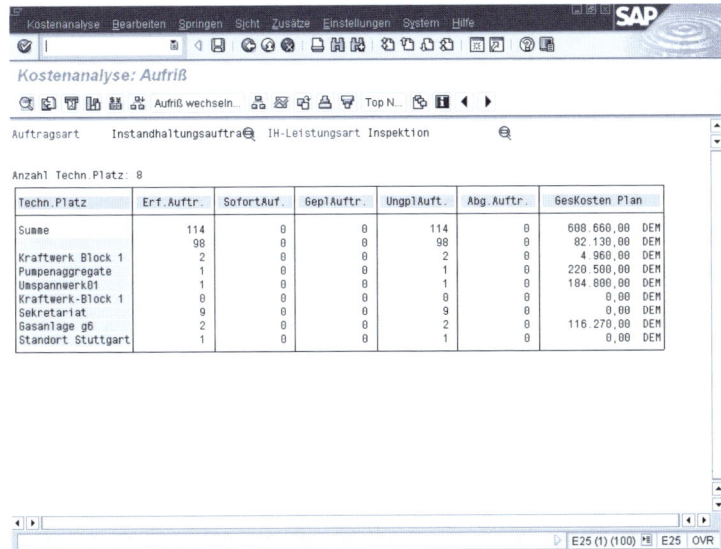

Abbildung 12.7
Aufriss nach
Technischem Objekt
© SAP AG

Andere Sicht   Der obere Bereich des R/3-Bildschirms hat sich wieder geändert. Das selektierte Merkmal wurde verschoben. Wie schon gesagt, beziehen sich die Werte der Kennzahlen jetzt auf die Merkmalskombination »Auftragsart/IH-Leistungsart/Technischer Platz«.

12.4 SAP Business Warehouse (SAP BW)

Business Framework   Bereits in der Einleitung zu diesem Kapitel haben wir erwähnt, dass das SAP Business Warehouse (SAP BW) ein eigenständiges Software-Produkt der SAP AG ist.

Wesentliche Eigenschaften des SAP Business Warehouse

SAP New Dimension   Das SAP Business Warehouse ist Bestandteil der SAP New Dimension Initiative. Für das Verständnis dieser Initiative ist das Konzept des »Business Framework« wichtig. Der Business Framework zeichnet sich dadurch aus, dass die Software-Komponenten separat entwickelt, eingeführt und unabhängig voneinander verwaltet werden (eigenständiges Release-System). Weitere Eigenschaften sind:

- Für die Extraktionsprogramme, mit denen Berichtsdaten aus operativen Anwendungen in das SAP BW übergeleitet werden, werden BAPI-Schnittstellen verwendet.

- Für die Präsentation der Daten im SAP BW können Sie in der gewohnten R/3-Oberfläche arbeiten oder Sie verwenden eine externe Präsentationsoberfläche.

- Das SAP BW hat eine moderne Data Warehouse Architektur.

- Das SAP BW ist inhaltlich vorkonfiguriert und auf die betriebswirtschaftlichen Konzepte von SAP R/3 abgestimmt (Business Content).

So sieht die Architektur des SAP BW aus

Die Architektur des SAP BW besteht aus drei Schichten, die wir in Abbildung 12.8 zeigen.

Presentation   Die oberste Schicht dient der Präsentation von Berichtsdaten. Über BAPI-Schnittstellen ist die Datenbeschaffung aus dem Server des Business Warehouses realisiert. Das System ist offen, das heißt, Sie können statt der Standardoberfläche von R/3 auch andere Präsentationstools einsetzen.

Staging   Die mittlere Schicht holt Daten aus praktisch beliebigen Software-Anwendungen ab (Staging). Diese Schicht verwaltet diese Daten und stellt die Daten für die Präsentation bereit. Die Administrator Workbench hat die Aufgabe, die Datenbereitstellung zu verwalten, zu planen und zu überwachen.

Abbildung 12.8
Architektur des SAP BW

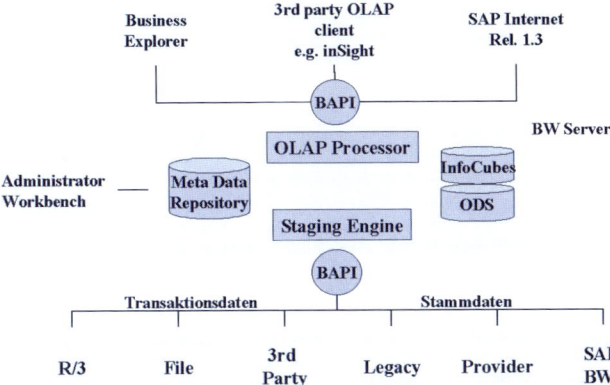

Die Daten in eigenen Datentabellen zu speichern, ist eine weitere Auf- **Storage**
gabe der mittleren Schicht. Die Daten werden auch als »Business Content« bezeichnet. Die Daten entsprechen dem Know-how, das im SAP
BW vorhanden ist. Der Business Content wird in Form eines Metadaten-
bank-Repositorys, bestehend aus »InfoCubes« verwaltet.

Business Content

»Business Content« ist ein Rahmenbegriff, unter dem die vorkonfigu- **Der Begriff**
rierten Objekte des SAP BW zusammengefasst werden. Was zum Business Content gehört, haben wir, etwas vereinfacht, in Abbildung 12.8
dargestellt. Zum Business Content gehören alle Elemente, Methoden,
Verfahren und Techniken, die in der Architektur des SAP BW enthalten
sind.

Die SAP AG betont, dass der Business Content »evolutionär« ist, das **Evolutionär**
heißt, er wird ständig weiterentwickelt. In Tabelle 12.1 haben wir für Sie
die wesentlichen Elemente des Business Content kurz beschrieben.

Begriff aus SAP BW	Kurzbeschreibung
Metadaten-Reposi-tory	Es beinhaltet die InfoObjekte wie Kunde, Produkt, Umsatz mit den zugehörigen technischen Daten, Attributen und logischen Beziehungen, die zwischen den InfoObjekten bestehen.
InfoObjekt	InfoObjekte können Merkmale (Stamm- und Strukturdaten) oder Kennzahlen (Werte, Mengen) sein.

Begriff aus SAP BW	Kurzbeschreibung
InfoCube	Ein InfoCube enthält Datensätze, ist also eine Datentabelle, in der zu bestimmten Merkmalen bestimmte Kennzahlen gespeichert sind.
InfoSource	Die InfoSource regelt Struktur und Inhalt der Daten, die in das SAP BW zu übernehmen sind. Sie bestimmt die Transferstruktur und die Kommunikationsstruktur. Durch das Ausführen einer InfoSource werden Daten in die InfoCubes übernommen.

Tabelle 12.1 Begriffe aus dem SAP BW

Exkurs: Was ist ein »BAPI«?

Die Abkürzung »BAPI« steht für den Begriff »Business Application Programming Interface«. Ein BAPI ist also die Programmierschnittstelle einer betriebswirtschaftlichen Anwendung. Im Mittelpunkt eines BAPIs steht das jeweilige Business Objekt, beispielsweise der Materialstamm, Fertigungsauftrag, Kostenstelle sowie alle Schnittstellen, Attribute und Methoden, die auf ein Business-Objekt anwendbar sind.

12.5 Weitere Techniken für das Berichtswesen

Zur Vervollständigung des interessanten und wichtigen Themas der R/3-Informationssysteme finden Sie in diesem Absatz noch einen Überblick zu weiteren Techniken, die in R/3 zur Erstellung von Berichten angewandt werden.

Programmiersprache ABAP/4

ABAP/4 ist die Programmiersprache der SAP AG. Die Abkürzung steht für »Advanced Business Application Processing«. Diese Programmiersprache wurde ursprünglich für die Aufbereitung von Daten für das Berichtswesen entwickelt.

- ABAP/4-Programme werden in der Praxis daher häufig als »Reports« bezeichnet.

- Wenn Sie mit ABAP/4-Programmen arbeiten, nennt man das auch »Reporting« (vgl. Kapitel 13).

Wenn Sie einen Bericht mit ABAP/4 programmieren wollen, müssen Sie entsprechend spezialisierte Kenntnisse haben. Als Auswertungssprache ist ABAP/4 für einen Fachbereich daher selten geeignet. Von der Möglichkeit, einen Bericht neu zu programmieren, wird in der Praxis erst dann Gebrauch gemacht, wenn keine andere Technik zur Erstellung des Berichts geeignet ist (was selten sein sollte).

Programme werden in der ABAP Workbench erstellt. Diese gehört zur **ABAP Workbench**
R/3-Basis (R/3-Modul BC) und wird aus dem SAP-Menü WERKZEUGE /
WORKBENCH / ABAP EDITOR aufgerufen.

ABAP Query

Mit ABAP Query können einfache Reports erstellt werden, ohne dass
Sie dafür die Programmiersprache ABAP/4 kennen müssen. ABAP
Query generiert den Programmcode selbst.

Sie können Auswertungen gestalten, die aus folgenden drei Elementen **Elemente**
bestehen:

- Grundliste

- Statistik

- Rangliste

Für diese Auswertungen können Sie ein Layout, bestehend aus Kopf-
und Fußzeilen sowie dem eigentlichen Listbild gestalten. Auch einfache
Schnittstellen, bei denen Daten aus R/3 herauszulesen und an eine andere Anwendung zu übergeben sind, können mit dieser Technik realisiert werden.

Queries werden in der ABAP Workbench erstellt. Diese gehört zur R/3- **ABAP Workbench**
Basis (R/3-Modul BC) und wird aus dem SAP-Menü WERKZEUGE /
WORKBENCH / HILFSMITTEL aufgerufen.

Report Painter, Report Writer

Diese Techniken gehören zum R/3-Modul »Spezielle Ledger« (FI-SL). **Spezielle Ledger**
Mit FI-SL können SAP-Kunden neue »Bücher« (= Ledger) in R/3 einrichten. Diese werden beispielsweise für das Konzernberichtswesen benötigt. Der Grund hierfür liegt auf der Hand. Für die R/3-Anwendung
»FI-SL« kann es kein Standardberichtswesen geben. Die SAP-Kunden
müssen dieses immer selbst einrichten. Der Report Painter und der Report Writer können aber auch für die Erstellung von Berichten verwendet werden, die zum Rechnungswesen oder zur Logistik gehören.

In einem Bericht, den Sie mit diesen Techniken erstellen, können Sie nur **Datenbasis**
Daten auswerten, die zuvor in einer sogenannten »Bibliothek« zur Auswertung vorbereitet wurden. Diese Bibliotheken greifen auf die R/3-
Datentabellen zu. Es werden also, im Gegensatz zum EIS und LIS, keine
eigenen Datenbestände in R/3 geführt. Zu den Elementen der Datenbasis im Einzelnen:

Merkmale sind diejenigen Stamm- und Strukturdaten, zu denen Infor- **Merkmal**
mationen gesammelt werden. Beispiele sind: Kostenstelle, Innenauftrag, Material.

Kennzahl   Die Kennzahlen sind die Wertfelder und deren Inhalte, die zu einem Merkmal gesammelt werden. Beispiele sind die Plan- und Istkosten einer Kostenstelle oder eines Innenauftrags, der bewertete Bestand eines Materials je Werk.

Vordefinierte Spalte   Zu einer vordefinierten Spalte gehören eine Kennzahl sowie ein oder mehrere Merkmale. Diese vordefinierten Spalten erleichtern das Definieren des eigentlichen Berichts. Beispiel: Eine vordefinierte Spalte enthält die Kennzahlen »Plankosten«, »Istkosten« sowie die Abweichung aus beiden Kennzahlen.

Bericht definieren   Bevor Sie einen Report-Painter-Bericht inhaltlich definieren, ordnen Sie ihn einer Bibliothek zu. Damit bestimmen Sie beispielsweise, ob Sie Daten zu Kostenstellen, zu Innenaufträgen oder zu Materialien auswerten wollen. Zu einem neuen Bericht gehören Selektionskriterien, Zeilen- und Spaltenblöcke sowie Prüffunktionen. Letztendlich sind der Report Painter und der Report Writer auch wieder Techniken, bei denen im Hintergrund vom R/3-System ABAP/4-Programme generiert werden.

Berichte auswerten   Berichte, die mit diesen Techniken erstellt wurden, finden Sie üblicherweise in den Berichtsbäumen der Informationssysteme. Sie können diese Berichte in vielfältiger Weise bearbeiten:

- Drucken, Senden und Download
- Summierstufen einbauen, Sortierung ändern

Kapitel 13

So arbeiten Sie mit Reports

Reports sind eine wichtige Art von Programmen, mit denen auch Sie sich als R/3®-Einsteiger bereits beschäftigen müssen. Reports sind Programme, die in der Programmiersprache »ABAP/4« erstellt wurden. SAP® liefert zahlreiche Programme aus, es ist jedoch auch üblich, dass in den Unternehmen weitere Programme geschrieben werden. Diese Programme werden zu unterschiedlichen Zwecken eingesetzt:

- Als Schnittstellenprogramme, um Daten aus Fremdsystemen nach R/3 zu übernehmen oder aus R/3 an andere Systeme abzugeben.

- Als Zusatzprogramme, um innerhalb von R/3 neue Funktionen abzubilden.

- Als Auswertungsprogramme, um Daten aus den Datenbanken zum Zweck des Berichtswesens aufzubereiten.

Sie werden in diesem Kapitel kennenlernen, wie Sie einen Report ausführen. Wir werden Sie mit der Handhabung vertraut machen, so dass Sie gut mit dem Reporting umgehen können.

Die Begriffe »Report« und »Programm« werden im allgemeinen Sprachgebrauch als Synonyme verwendet. Das kommt daher, dass die Programmiersprache ABAP/4 ursprünglich einmal ausschließlich für Auswertungen aus Datenbanken, also für das »Reporting« (Berichten) entwickelt wurde.

13.1 Wissenswertes

Zahlreiche Reports sind in den R/3-Arbeitsgebieten eingebunden und werden über das SAP-Menü aufgerufen. Als SAP-Benutzer ist Ihnen wahrscheinlich häufig nicht bewusst, dass die betriebswirtschaftliche Funktion die Sie eben ausführen, ein Report ist.

Drei Wege Hier eine Übersicht zu den drei grundsätzlich Wegen, über die Sie Reports zur Ausführung aufrufen können:

- Sehr viele Reports sind direkt in die R/3-Arbeitsgebiete eingebunden. Sie werden dann über das SAP-Menü aufgerufen. In diesem Falle brauchen Sie den Namen des Reports nicht zu kennen.

- Reports können in die Berichtsbäume der Informationssysteme eingebunden werden. Auch in diesem Falle brauchen Sie den Namen des Reports nicht zu kennen.

- Sie können einen Report über eine bestimmte Funktion aus dem Menü SYSTEM aufrufen. Sie müssen dann den Namen des Reports kennen, bzw. wir werden Ihnen in diesem Kapitel zeigen, wie Sie den Namen des Reports herausfinden können.

13.2 Reports im SAP-Menü

Wo Sie überall Reports im SAP-Menü finden und wozu diese dienen, können wir Ihnen nur anhand von Beispielen nennen:

Menüpfad	Beschreibung des Reports
LOGISTIK / MATERIALWIRTSCHAFT / BESTANDSFÜHRUNG / UMFELD / LISTANZEIGEN / MATERIALBELEGE ZUM MATERIAL	Hier finden Sie einige Auswertungen zu Materialien. Beispielsweise alle Materialbelege oder Buchhaltungsbelege zu einem Material.
LOGISTIK / MATERIALWIRTSCHAFT / EINKAUF / BESTELLUNG / LISTANZEIGEN	Hier finden Sie einige Auswertungen zu Lieferanten, Materialien, Kontierungen, etc.

Tabelle 13.1 Reports im SAP-Menü – Beispiele

> **TIPP**
>
> *Im SAP-Menü der Logistik werden Sie häufig auf den Menüpunkt LISTANZEIGEN stoßen. Das ist ein sicherer Hinweis darauf, es sich um Auswertungen handelt, die mit ABAP/4 programmiert wurden, dass es sich also um Reports handelt.*

13.3 Reports in Berichtsbäumen

In Kapitel 12 haben wir Ihnen einen ersten Einblick in die R/3-Informationssysteme gegeben. Dort haben Sie die »Berichtsbäume« kennengelernt. In Abbildung 13.1 sehen Sie das Informationssystem der Kostenstellenrechnung. Wir haben das Element STAMMDATENVERZEICHNIS aufgeklappt.

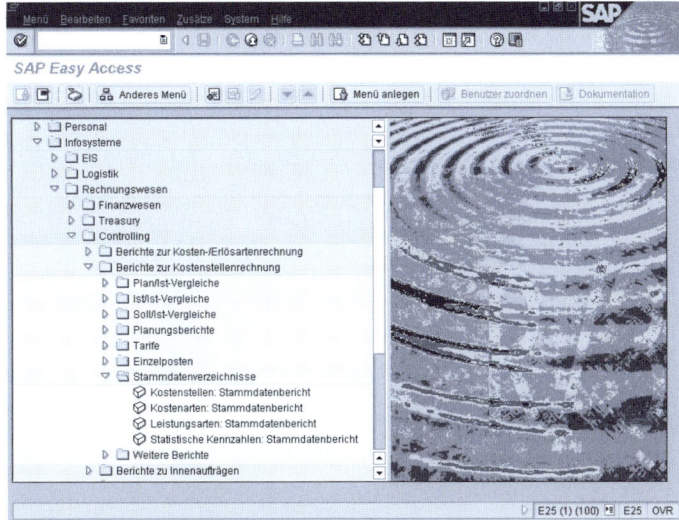

Abbildung 13.1
Infosystem der
Kostenstellenrechnung –
Berichtsbaum
© SAP AG

Stammdatenverzeichnisse in der Kostenstellenrechnung gibt es für Kostenstellen, Kostenarten, Leistungsarten und für die statistischen Kennzahlen. Je Stammdatum gibt es einen Report. Der Report für die Kostenstellenstammdaten heißt »Kostenstellen: Stammdatenbericht«.

> *In den Berichtsbäumen der Informationssysteme werden Sie häufig Elemente finden, in deren Namen sich der Begriff »Verzeichnis« befindet. Das ist ein sicherer Hinweis darauf, dass es sich um Auswertungen handelt, die mit ABAP/4 programmiert wurden, dass es sich also um Reports handelt.*

TIPP

13.4 Report direkt ausführen

> *Wenn Sie einen Report direkt ausführen wollen, so sind hierzu in der Regel vier Schritte erforderlich. Unsere Checkliste nennt diese. Beachten Sie aber auch die detaillierten Erklärungen in den weiteren Absätzen:*
> *1. Schritt: Sie rufen das R/3-Reporting auf.*

Checkliste

2. Schritt: Sie tragen den Reportnamen, der ausgeführt werden soll in das Grundbild des Reportings ein.

3. Schritt: Sie geben dem Report auf seinem Selektionsbild weitere Informationen mit, die für die Programmausführung wichtig sind.

4. Schritt: Sie starten die Programmausführung.

Den dritten und vierten Schritt dieser grundsätzlichen Vorgehensweise müssen Sie immer durchführen. Also auch dann, wenn Sie den Report über das SAP-Menü oder über einen Berichtsbaum aufgerufen haben. Sie müssen einem Report immer sagen, zu welchen Daten er Informationen sammeln soll (Selektionskriterien) und Sie müssen anschließend die eigentliche Programmdurchführung starten.

So rufen Sie das R/3-Reporting auf

System / Dienste Wenn Sie einen Report direkt ausführen wollen, so rufen Sie auf einem beliebigen R/3-Bildschirm den Menüpfad SYSTEM / DIENSTE / REPORTING auf. Abbildung 13.2 zeigt Ihnen, wie das aussieht.

Abbildung 13.2
Reporting aufrufen –
Menüpfad
© SAP AG

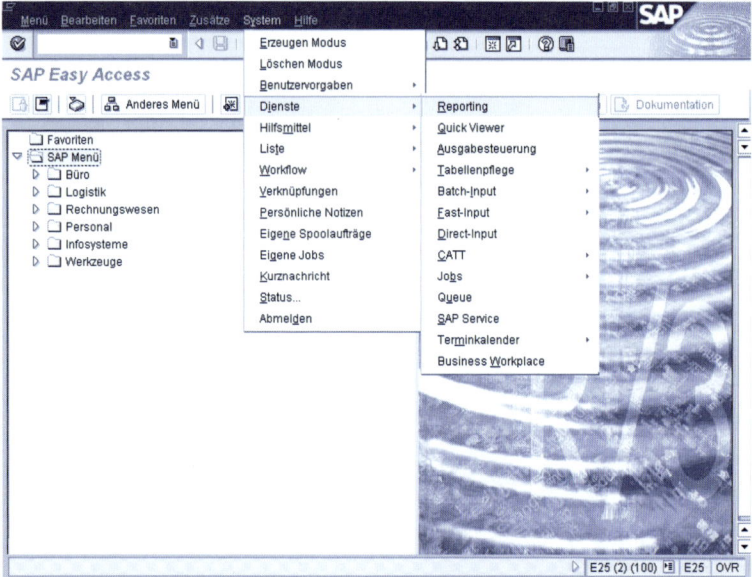

Zu diesem Menüpfad gibt es eine Alternative. Wie Sie in Kapitel 11 kennengelernt haben, ist es möglich, das R/3-Reporting über einen Transaktionscode im Kommandofeld zu starten. Geben Sie hierzu die Befehlsfolge »/NSA38« in das Kommandofeld ein und bestätigen Sie die Eingabe mit der ⏎-Taste.

So füllen Sie das Grundbild des Reportings aus

Über den eben genannten Menüpfad, beziehungsweise über den Transaktionscode »SA38« gelangen Sie auf den folgenden R/3-Bildschirm, der auch als »Grundbild der ABAP/4 Programmausführung« bezeichnet wird. Abbildung 13.3 zeigt dieses Grundbild.

Grundbild Reporting

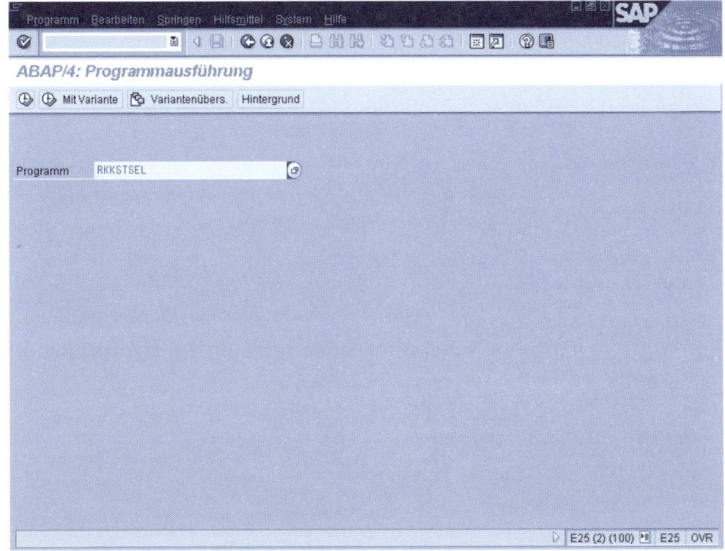

Abbildung 13.3
Grundbild des R/3-
Reportings
© SAP AG

Wir haben den Reportnamen der Stammdatenliste für Kostenstellen eingetragen. Woher wir diesen Reportnamen überhaupt kennen, bzw. wie wir diesen Reportnamen ermittelt haben, erklären wir Ihnen in Kapitel 13.6. Die Abbildung 13.3 hat in der Anwendungsfunktionsleiste vier Drucktasten. Die Bedeutung derselben fassen wir in Tabelle 13.2 zusammen.

Symbol	Funktion	Beschreibung
⊕	Ausführen	Das Programm wird ausgeführt. Um ganz genau zu sein: An dieser Stelle bedeutet das, dass das Selektionsbild (Einstiegsbild) des Reports aufgerufen wird.

Symbol	Funktion	Beschreibung
	Ausführen mit Variante	Wenn Sie die Selektionskriterien in einer Variante gespeichert haben, so können Sie mit diesem Befehl das Programm sofort ausführen lassen. Wie Sie mit Reportvarianten arbeiten, erklären wir Ihnen in Kapitel 13.7.
	Varianten-übersicht	Mit dieser Funktion lassen Sie sich anzeigen, welche Reportvarianten es gibt. Weitere Einzelheiten hierzu gibt es ebenfalls in Kapitel 13.7.
Hintergrund	Hinter-grund	Wenn Sie ein Programm nicht sofort ausführen wollen (online), sondern zu einem späteren Zeitpunkt oder unter Berücksichtigung weiterer Regeln, so verwenden Sie die im Hintergrundverarbeitung. Wie das genau geht, lesen Sie bitte in Kapitel 13.8 nach.

Tabelle 13.2 Drucktastenbelegung im Grundbild des R/3-Reportings

TIPP

Wenn Sie wissen wollen, wozu eine Drucktaste verwendet wird, setzen Sie den Cursor vorsichtig auf die entsprechende Drucktaste. Es wird Ihnen dann die QuickInfo, also ein Langtext, der die Drucktaste näher beschreibt, angezeigt. Die QuickInfo zeigt Ihnen auch, welche Funktionstaste zu der Drucktaste gehört. Sie können die Funktion »Ausführen« auch über die Funktionstaste F8 *auslösen.*

TIPP

Wenn Sie sich neu mit einem Report beschäftigen und noch nicht so genau wissen, welche Informationen er überhaupt ermitteln wird, so wählen Sie immer die Funktion AUSFÜHREN, bzw. die Funktionstaste F8*. Sie gelangen damit auf das Selektionsbild des Reports und können – um die eigene Zeit und CPU-Zeit zu sparen – erst einmal die Selektion ganz stark einschränken, um sich einen ersten Einblick in die Reportfunktionen zu verschaffen (In unserem Beispiel z. B. auf eine einzige Kostenstelle).*

So füllen Sie das Selektionsbild eines Reports aus

Wir setzen nun unser Beispiel fort. Wie in Abbildung 13.3 zu erkennen, wollen wir uns die Stammdaten von Kostenstellen anzeigen lassen. Der Reportname wurde in das Eingabefeld eingegeben. Wir bestätigen diese Eingabe mit der Drucktaste AUSFÜHREN, beziehungsweise mit der Funktionstaste F8. Sie sehen jetzt einen neuen R/3-Bildschirm, der bei Ihnen auch so aussehen sollte, wie in Abbildung 13.4.

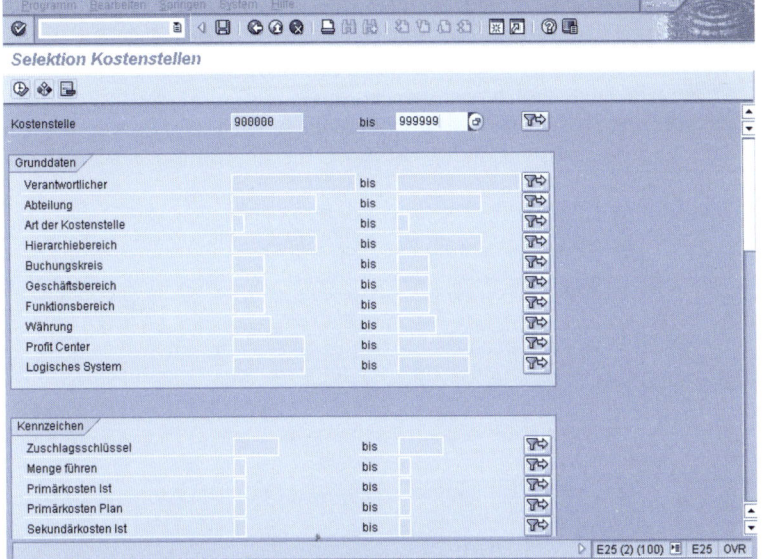

Abbildung 13.4
Selektionsbild eines
Reports — Beispiel
© SAP AG

Jeder Report hat ein genau zu ihm passendes Selektionsbild. Es dient **Selektionsbild**
dazu, dass Sie, also der SAP-Benutzer, dem Programm genauere Anwei-
sungen geben, was es tun soll. In unserem Beispiel wollen wir uns die
Kostenstellenstammdaten zu Kostenstellen anzeigen lassen, deren
Nummer in dem Intervall von »900000« bis »999999« liegt. Wir wollen
also keine Kostenstellennummern auswerten, deren Nummer z.B. mit
»1« beginnt. Der Zweck für diese Vorgehensweise liegt auf der Hand:
Als SAP-Benutzer haben Sie (meistens) genaue Fragen. Sie wissen, dass
Sie nur zu Kostenstellen Informationen benötigen,

- die zu einem bestimmten Fachbereich gehören (Selektionsfeld »Ko-
  stenstellengruppe«),

- für die eine bestimmte Person oder Gruppe verantwortlich ist (Selektionsfeld »Verantwortlicher«),

- usw.

Wenn Sie keine Selektionskriterien eingeben, so erhalten Sie in der Praxis einfach zu viele Informationen, mit denen Sie dann nur wenig anfan-
gen können.

---

*Wir haben Ihnen in unserem Beispiel gezeigt, wie Sie die Selek-
tion der Daten nach Intervallen einschränken. Es gibt einige weitere Möglichkeiten. Lesen Sie hierzu den Absatz »Exkurs: Noch
mehr Tipps zum Selektionsbild«.*

So starten Sie die Programmausführung

Drucktasten Das Selektionsbild haben wir nun so ausgefüllt, wie wir es für richtig halten. Was als nächstes zu tun ist, sagen uns die Drucktasten in der Anwendungsfunktionsleiste. Wir werden unser Beispiel so fortführen, dass wir das Programm im online ausführen lassen. Hierzu verwenden wir die Funktion AUSFÜHREN. Doch zunächst die Bedeutung der Drucktasten im Überblick:

Symbol	Funktion	Beschreibung
	Ausführen	Das Programm wird ausgeführt. An dieser Stelle bedeutet das, dass das Programm aus der R/3-Datenbank alle, zu den Selektionskriterien passenden Informationen auswerten und in einer Liste am Bildschirm anzeigen wird.
	Selektion löschen	Sie löschen bereits eingetragene Selektionsbegriffe.
	Hilfe Selektionsbild	Sie rufen die Hilfefunktion zu dem Selektionsbild auf.
	Selektionsoptionen	Diese Drucktaste hat etwas mit der Drucktaste MEHRFACHSELEKTION zu tun. Wir kommen darauf in unserem Exkurs »Noch mehr Tipps zum Selektionsbild« zurück.

Tabelle 13.3 Drucktastenbelegung im Selektionsbild des R/3-Reportings Bilder: © SAP AG

So sieht das Ergebnis der Programmausführung aus

Listanzeige Nach der Programmausführung wird Ihnen eine Liste am R/3-Bildschirm angezeigt. In dieser Liste sehen Sie, welche Kostenstellennummern im selektierten Intervall gibt, wie diese heißen, und noch einiges mehr. Abbildung 13.5 zeigt diese Liste.

Sie können mit dieser Liste aktiv weiterarbeiten. Die Möglichkeiten sind sehr umfassend. Es gilt hier das Motto »Übung macht den Meister«. Bevor wir Ihnen einige Möglichkeiten vorstellen, lesen Sie bitte unsere beiden Tipps zu diesem umfangreichen Thema.

Wenn Sie wissen wollen, was Sie genau mit einer bestimmten Liste tun können, gehen Sie systematisch vor!

▷ *Wandern Sie mit der Maus die Menüleiste von links nach rechts und von oben nach unten. Probieren Sie die Funktionen einfach aus.*

▷ *Arbeiten Sie die Drucktasten in der Anwendungsfunktionsleiste von links nach rechts durch. Informieren Sie sich über die Funktionen mit dem Cursor und der QuickInfo. Probieren Sie die Funktionen einfach aus.*

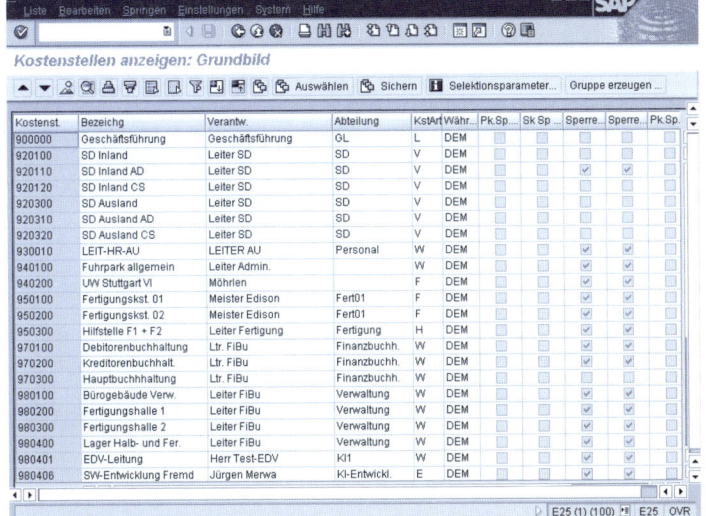

Abbildung 13.5
Kostenstellen-
stammdaten – Listbild
© SAP AG

> *Das Listbild das Sie in Abbildung 13.5 sehen, entspricht der Grundeinstellung, die im SAP-Standard an die Kunden ausgeliefert wird. Sie können dieses Listbild verändern und an Ihre individuellen Anforderungen anpassen. Sie verwenden hierzu den ABAP List Viewer. Der ABAP List Viewer ist ein Hilfsmittel für die SAP-Benutzer, um Listen einheitlich zu gestalten und zu bedienen.*

Exkurs: Noch mehr Tipps zum Selektionsbild

In der einfachsten Form werden Sie im Selektionsbild keine einschränkenden Eingaben vornehmen. Wir hatten hierzu jedoch schon angemerkt, dass dies im Tagesgeschäft häufig unpraktisch und ineffizient ist.

Wir zeigen Ihnen jetzt, wie Sie über die Drucktaste MEHRFACHSELEKTION, die wir in Abbildung 13.4 hervorgehoben haben, die Selektion weiter konkretisieren können. Abbildung 13.6 zeigt die Mehrfachselektion zu den Kostenstellennummern.

Mehrfach-selektion

In diesem zusätzlichen Dialogfenster können Sie mehrere einzelne Kostenstellennummern eintragen. Sie können aber auch:

- mehrere Intervalle von Kostenstellennummern eintragen,
- eine Negativabgrenzung für einzelne Kostenstellennummern (Kostenstelle soll nicht selektiert werden) vornehmen,
- eine Negativabgrenzung für Intervalle (Intervall soll nicht selektiert werden) vornehmen.

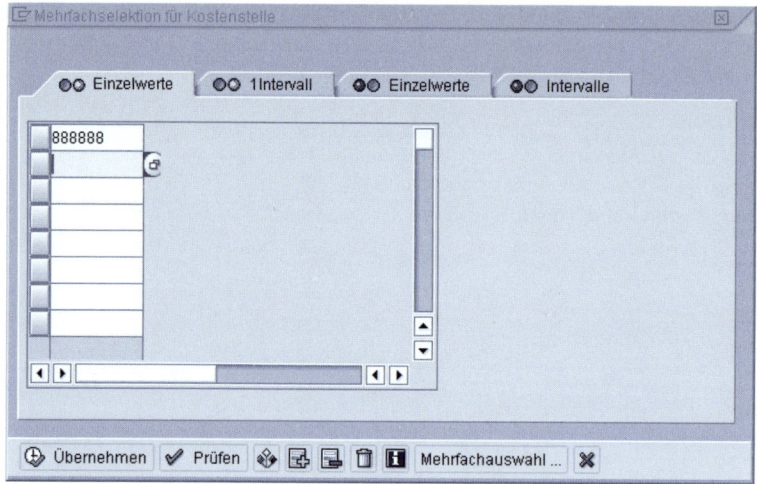

TIPP

In der Regel gibt es zu jedem Eingabefeld im Selektionsbild eines Reports die Möglichkeit zur Mehrfachselektion. Sie präzisieren also nicht nur die Selektionskriterien für ein einzelnes Eingabefeld, sondern tun dies in Kombination aller Eingabefelder.

13.5 Mit einer Liste weiterarbeiten

Drucken und Download

Zu der in Abbildung 13.5 gezeigten Liste geben wir Ihnen nun noch einige Hinweise, was Sie hier alles tun können. Diese Hinweise sind allgemeingültig, das heißt, auch in anderen Listen können Sie die beschriebenen Berarbeitungsmöglichkeiten nutzen.

Drucken Selbstverständlich können Sie jede Liste drucken. Da es hier viele Möglichkeiten gibt, führen wir Sie in die Druckfunktionen in einem eigenen Kapitel (14) ein. An dieser Stelle sei nur gesagt, dass Sie steuern können,

- auf welchen Drucker die Liste ausgegeben werden soll,
- wie viele Exemplare gedruckt werden sollen und
- ob Sie die Liste zusätzlich in der Spooldatei speichern möchten.

Download Sie können die Liste in eine PC-Anwendung herunterladen. Die entsprechende Funktion finden Sie über den Menüpfad BERICHT / DOWNLOAD. In einem Zusatzfenster entscheiden Sie, in welchem Format die Daten gespeichert werden sollen:

- unkonvertiert
- Tabellenkalkulation
- Rich Text Format

Stammsatz anzeigen

In unserer Beispielliste sehen Sie in der Anwendungsfunktionsleiste die Drucktaste . Die QuickInfo gibt als Information »Stammsatz«. Unsere Beispielliste wird auch als »interaktive Liste« bezeichnet, weil es möglich ist, aus der Liste heraus in eine andere betriebswirtschaftliche Funktion zu wechseln. Drei verschiedene Handhabungen für den Sprung aus der Liste in die Stammdatenanzeige (Transaktion KS03) sind möglich:

Stammsatz anzeigen

1. Doppelklick in der Zeile derjenigen Kostenstelle, zu der Sie den Stammsatz sehen wollen.

2. Positionieren Sie den Cursor in der gewünschten Zeile und wählen Sie anschließend das Symbol .

3. Positionieren Sie den Cursor in der gewünschten Zeile und wählen Sie die Funktionstaste $\boxed{\text{F2}}$.

> *Interaktive Listen erkennen Sie daran, dass Sie mit dem Symbol* *, beziehungsweise mit der Funktionstaste* $\boxed{\text{F2}}$ *in eine andere betriebswirtschaftliche Funktion wechseln können.*

TIPP

Suchfunktion verwenden

Für Ihre tägliche Praxis ist die Suchfunktion sehr wichtig. Sie erkennen die Suchfunktion an dem Symbol $\boxed{\text{M}}$ in der Anwendungsfunktionsleiste. Alternativ können Sie die Suchfunktion über die Funktionstaste $\boxed{\text{F5}}$ aufrufen. Sie aktivieren auf jeden Fall ein Dialogfenster, auf dem Sie die Suche genauer beschreiben und anschließend durchführen. Abbildung 13.7 zeigt dieses Dialogfenster.

Markieren Sie die Spalte, in der Sie suchen möchten, geben Sie in dem Dialogfenster Ihren Begriff ein und wählen Sie entweder »nach Zeilen« oder »nach Spalten«.

In unserem Beispiel suchen wir alle Kostenstellen, in deren Bezeichnung der Begriff »Führung« enthalten ist. Dabei spielt die Groß- und Kleinschreibung keine Rolle. Mit der Funktion AUSFÜHREN haben wir die Suche gestartet. Als Ergebnis springt der Cursor auf das Feld, in dem der gesuchte Begriff gefunden wurde.

Abbildung 13.7
Dialogfenster für die
Suchfunktion in Listen
© SAP AG

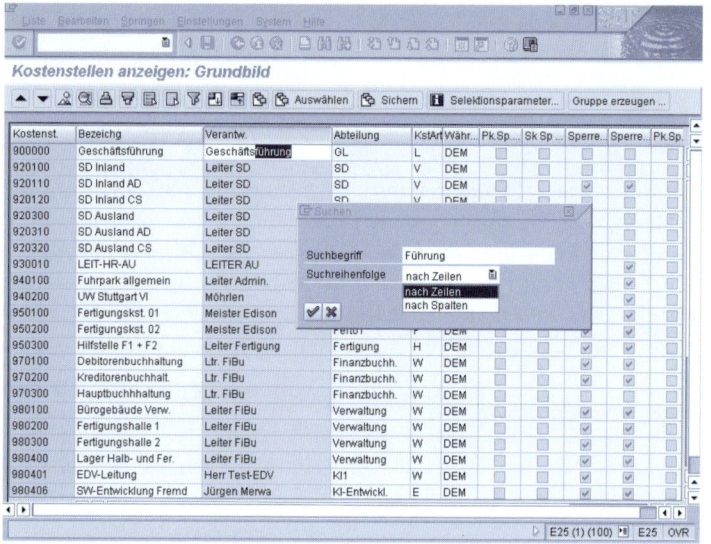

Checkliste

Der Ablauf einer Suche umfasst doch einige Schritte. Wir stellen diese für Sie in nachfolgender Checkliste zusammen:

▶ Positionieren Sie den Cursor auf der Spalte, in der Sie suchen wollen.

▶ Wählen Sie anschließend das Symbol [🔍] oder die Funktionstaste [F5].

▶ Geben Sie einen Suchstring ein.

▶ Starten Sie die Suche mit dem Symbol [✔] oder mit der Funktionstaste [F8].

▶ Das Feld mit dem gefundenen Begriff wird markiert.

13.6 Reportnamen ermitteln

Sie können einen Report über das SAP-Menü, aus einem Berichtsbaum oder direkt aufrufen. Wenn Sie einen Report direkt aufrufen wollen, so geht das natürlich nur, wenn Sie den Reportnamen kennen. Wir erklären Ihnen jetzt, wie Sie einen Reportnamen ermitteln können. Das geht auf zwei Wegen:

• Wenn Sie einen Report über das SAP-Menü oder über einen Berichtsbaum aufrufen, so fragen Sie einfach den Systemstatus ab.

• Wenn Sie einen Report direkt aufrufen, verwenden Sie eine entsprechende Suchfunktion.

So ermitteln Sie Reportnamen über den Systemstatus

Das Verfahren, den Reportnamen über den Systemstatus zu ermitteln kennen Sie eigentlich schon. Sie haben den Systemstatus in Kapitel 11 kennengelernt. Dort ging es darum, den Namen einer Transaktion zu ermitteln. Für Reports gehen wir jetzt genau gleich vor. Betrachten Sie bitte nochmals die Abbildung 13.4. Diese Abbildung zeigt das Selektionsbild eines Reports.

Das Selektionsbild eines Reports entspricht sinngemäß dem Einstiegsbild einer Transaktion. Über den Menüpfad SYSTEM / STATUS erhalten Sie Auskunft über den Reportnamen. Abbildung 13.8 zeigt den Systemstatus.

Selektionsbild = Einstiegsbild

Abbildung 13.8
Systemstatus für einen Report – Beispiel
© SAP AG

So ermitteln Sie Reportnamen über die Suchfunktion

Betrachten Sie bitte nochmals die Abbildung 13.3. Die Abbildung zeigt das Grundbild des R/3-Reportings. Es gibt ein einziges Eingabefeld, nämlich ein Feld, in dem Sie den Reportnamen eintragen müssen, den Sie ausführen wollen. Am rechten Rand des Eingabefeldes sehen Sie eine Drucktaste.

Wie Sie die gültigen Werte für ein Eingabefeld finden, haben Sie in Kapitel 7 gelernt. Wir machen jetzt nichts anderes. Denn wenn Sie einen Reportnamen suchen, gehen Sie einfach so vor, wie Sie es in Kapitel 7 gelernt haben.

So rufen Sie die Suchfunktion auf

Die Suchfunktion für Reports können Sie nur verwenden, wenn Sie einen Report direkt ausführen wollen. Zwei Schritte sind erforderlich:

Checkliste

> ▶ *1. Schritt: Sie rufen die Funktion auf, mit der Sie einen Report direkt ausführen können.*
> ▶ *2. Schritt: Sie rufen auf dem Grundbild der R/3-Reportings die Suchfunktion auf.*

Reporting aufrufen
Die Suchfunktion wird aus dem Grundbild des R/3-Reportings heraus aufgerufen. Sie müssen also zunächst dieses Grundbild aufrufen. Hierzu haben Sie zwei Möglichkeiten:

• Verwenden Sie den Menüpfad SYSTEM /DIENSTE / REPORTING.

• Tragen Sie die Transaktion »/nsa38« im Kommandofeld ein.

Suchfunktion aufrufen
Rufen Sie jetzt die Suchfunktion auf. Sie haben – wie so häufig – zwei Alternativen, dies zu tun:

• Klicken Sie einfach auf die Drucktaste neben dem Eingabefeld »Programm«.

• Rufen Sie das Menü HILFSMITTEL / SUCHEN PROGRAMM auf.

Egal wie Sie vorgehen, Ihr R/3-Bildschirm sollte jetzt aussehen, wie in Abbildung 13.9 gezeigt. Sie sehen jetzt das Einstiegsbild eines Reports der »ABAP/4 Programmkatalog« heißt.

Abbildung 13.9
ABAP/4 Programmkatalog
– Suchfunktion für
Reports
© SAP AG

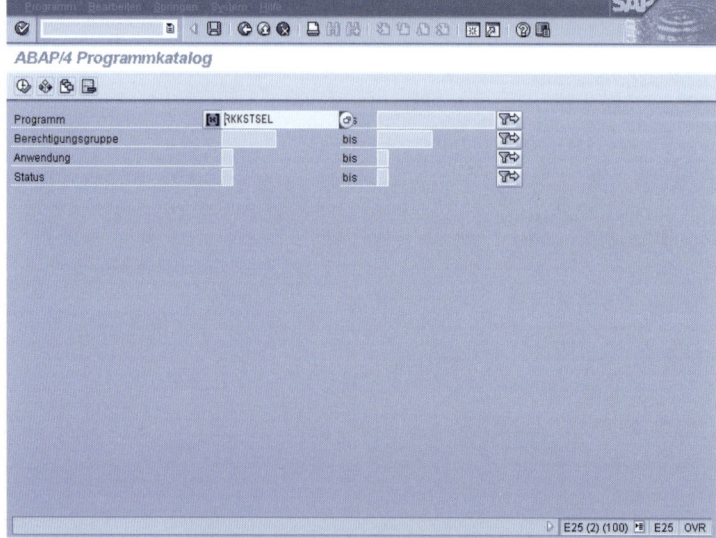

Vier Eingabefelder stehen Ihnen zur Verfügung. Wie aus anderen Selektionsbildern bekannt, können Sie je Eingabefeld einen Einzelwert oder ein Intervall eingeben, oder Sie verwenden die Mehrfachselektion.

Als Suchbegriffe können Sie im Eingabefeld »Programm« Suchstrings verwenden. Beispiele für Suchstrings haben wir in Tabelle 13.4 für Sie zusammengestellt:

Suchstring

Suchstring	Beschreibung
Y* oder Z*	Die Trefferliste zu diesen Suchsstrings wird Ihnen alle Reports anzeigen, die mit den Buchstaben »Y« oder »Z« beginnen. (Das sind Reports, die in Ihrem Hause entwickelt wurden).
RK* oder RM*	Jetzt zeigt die Trefferliste Reports aus dem SAP-Standard. Und zwar aus dem Controlling (RK) oder aus der Materialwirtschaft (RM). (Die Reports beginnen häufig mit den R/2-Modulnamen).
eink oder *ks*	Jetzt zeigt die Trefferliste Reports, in deren Namen die Zeichenfolgen »eink« oder »ks« enthalten sind.
rf++++99	Die Trefferliste zeigt Reports, deren Namen genau mit »rf« beginnt und mit »99« endet.

Tabelle 13.4 Suchstrings für Reportnamen

Die Suchfunktion für Reports ist ein ABAP/4-Programm, also ein weiterer Report. Wenn Sie in dem Selektionsbild (Abbildung 13.9) den Systemstatus über den Menüpfad SYSTEM / STATUS abfragen, erhalten Sie den Reportnamen. Er lautet »RSABADAB«. Sie können dieses Programm selbstverständlich auch direkt ausführen.

13.7 Mit Reportvarianten arbeiten

In Tabelle 13.2 haben wir Ihnen die Anwendungsfunktionsleiste des Grundbilds für das R/3-Reporting vorgestellt. Wir erwähnten dort das Arbeiten mit Reportvarianten, die kurz auch als »Varianten« bezeichnet werden.

Was ist eine Variante? Wir haben ausführlich besprochen, dass es zu jedem Report ein individuelles Selektionsbild gibt, auf dem Sie Selektionskriterien eingeben müssen. Diese steuern dann die Programmverarbeitung. Diese Selektionskriterien können Sie abspeichern, sich also merken und später wiederverwenden. Das Abspeichern der Selektionskriterien entspricht dem Erstellen einer Variante. Das ist alles.

Der Begriff

Checkliste

Das Arbeiten mit Varianten besteht aus zwei Schwerpunkten:
- ▶ *Zunächst müssen Sie Varianten erstellen, also Selektionskriterien unter einem Variantennamen abspeichern.*
- ▶ *Anschließend können Sie diese Varianten verwenden.*

TIPP

In der Finanzbuchhaltung (R/3-Modul FI), aber gelegentlich auch in anderen R/3-Modulen gibt es Reports, die aus systemtechnischen Gründen generell nur mit einer Variante ausgeführt werden dürfen. Wenn Sie auf einen solchen Report stoßen und diesen direkt, also ohne Variante ausführen wollen, erhalten Sie eine Fehlermeldung. Erinnern Sie sich dann an dieses Kapitel, dann wissen Sie genau, was zu tun ist!

So erstellen Sie eine Variante

Bevor Sie eine Variante erstellen, rufen Sie zunächst das Grundbild des R/3-Reportings auf. Tragen Sie dann den Reportnamen ein, zu dem Sie eine Variante erstellen wollen und wechseln Sie mit der Funktion AUS-FÜHREN in das Selektionsbild des Reports.

Selektions-kriterien pflegen

Pflegen Sie die Selektionskriterien so, wie Sie es wünschen. Abbildung 13.10 zeigt ein Beispiel. Wir bleiben bei unserer Liste für Kostenstellenstammdaten. Wir haben uns für ein Intervall entschieden und zusätzlich für diejenigen Kostenstellen, die zum Geschäftsbereich »9000« gehören.

Abbildung 13.10
Selektionskriterien
eines Reports
© SAP AG

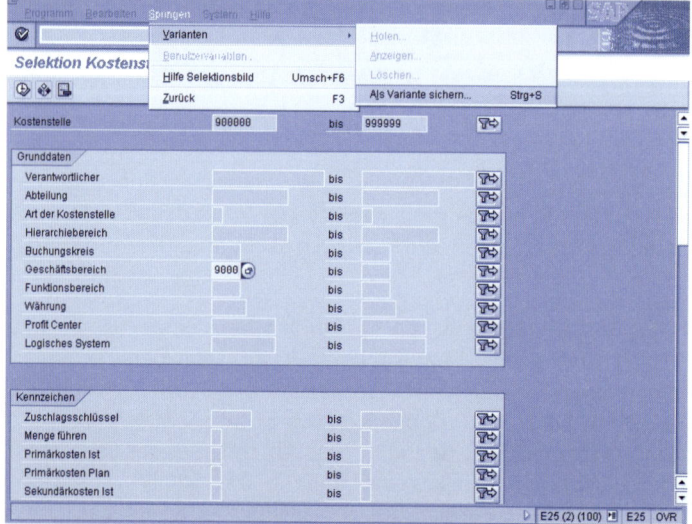

Diese Selektionskriterien wollen wir jetzt abspeichern. Dies ist über den Menüpfad SPRINGEN / VARIANTEN / ALS VARIANTE SICHERN möglich. In Abbildung 13.10 können Sie diesen Menüpfad gut erkennen.

**Selektions-
kriterien
abspeichern**

Abbildung 13.11
Variante sichern
© SAP AG

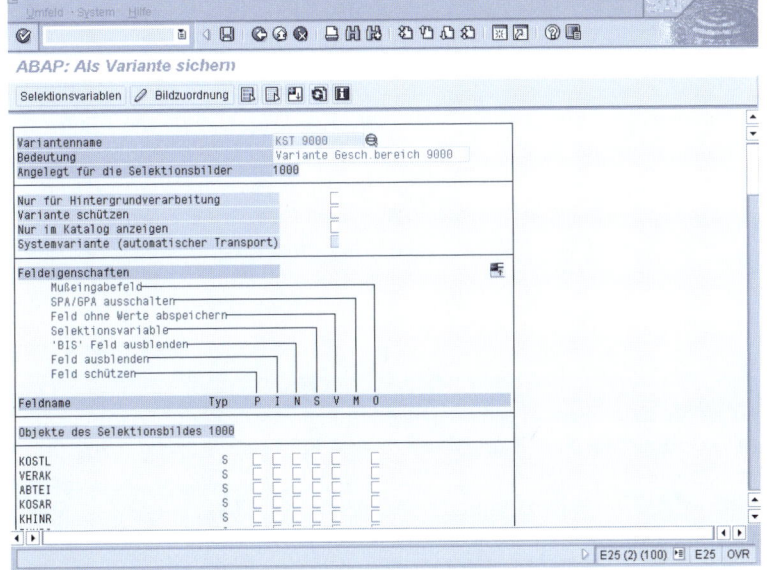

Auf diesem R/3-Bildschirm erteilen Sie jetzt einen Variantennamen und eine Kurzbeschreibung. Diese beiden Angaben müssen Sie machen. Auf die weiteren umfangreichen Möglichkeiten wollen wir in diesem R/3-Einsteigerbuch nicht weiter eingehen. Achten Sie darauf, dass Sie Ihre Eingaben mit dem entsprechenden Symbol MAPPE sichern.

Wir fassen in unserer Checkliste zusammen, wie Sie eine Variante anlegen. Folgen Sie dieser Vorgehensweise auch, wenn Sie eine Variante ändern oder anzeigen wollen:

▷ *Rufen Sie das Grundbild des R/3-Reportings auf (z.B. über die Transaktion »SA38«).*

▷ *Tragen Sie in das Eingabefeld »Programm« den Reportnamen ein, zu dem Sie eine Variante erstellen oder ändern möchten.*

▷ *Wechseln Sie mit der Funktion AUSFÜHREN in das Selektionsbild des Reports.*

▷ *Pflegen Sie die Selektionskriterien vollständig.*

▷ *Rufen Sie jetzt den Menüpfad SPRINGEN / VARIANTEN / ALS VARIANTE SICHERN auf.*

Checkliste

▶ Erteilen Sie den Variantennamen und eine Kurzbeschreibung (Bedeutung).

▶ Sichern Sie Ihre Eingaben mit dem entsprechenden Symbol in der Symbolfunktionsleiste oder mit der Funktionstaste F11.

TIPP

Seitens der SAP AG gibt es keine Namenskonventionen für Reportvarianten. Sie sollten sich jedoch in Ihrem Unternehmen auf Namenskonventionen einigen, sonst kann das – nach unserer Erfahrung – ein ziemliches Durcheinander geben, das unter Umständen auch den Produktivstart, beziehungsweise den Produktivbetrieb Ihrer R/3-Anwendung gefährden kann.

So verwenden Sie eine Variante

Wenn Sie einen Report mit einer Variante starten wollen, so tun Sie dies im Grundbild des R/3-Reportings. In Abbildung 13.3 und der zugehörigen Tabelle 13.2 haben wir die wesentlichen Grundlagen hierfür schon geschaffen. Es ist ganz einfach: Wählen Sie die Drucktaste MIT VARIANTE AUSFÜHREN oder die VARIANTENÜBERSICHT. Wenn es mehr als eine Variante gibt, wird auf jeden Fall die Variantenübersicht angezeigt. Das sieht dann beispielsweise so aus wie in Abbildung 13.12.

Abbildung 13.12
Variantenübersicht zu
einem Report
© SAP AG

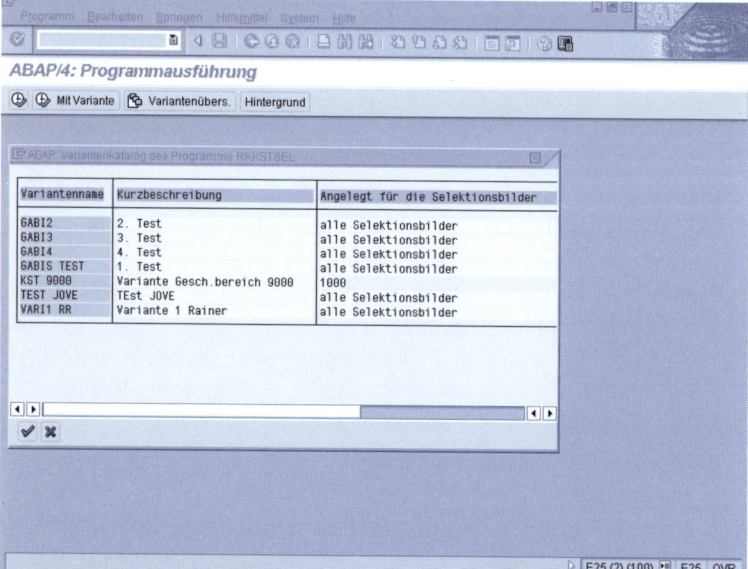

Jetzt müssen Sie sich nur noch für eine Variante entscheiden. Wählen Sie diese mit dem »Doppelklick« aus.

Für Sie ist es jetzt sicher ganz einfach, mit einer Variante zu arbeiten. Sie haben ja das ganze Kapitel gelesen und geübt. Also:

▶ *Rufen Sie das Grundbild des R/3-Reportings auf (z.B. über die Transaktion »SA38«).*

▶ *Tragen Sie in das Eingabefeld »Programm« den Reportnamen ein, den Sie mit einer Variante ausführen wollen.*

▶ *Wählen Sie die Drucktaste MIT VARIANTE AUSFÜHREN oder VARIANTENÜBERSICHT. Wenn es mehr als eine Variante gibt, wird Ihnen immer die Variantenübersicht angezeigt.*

▶ *Mit dem Doppelklick entscheiden Sie sich für eine Variante.*

▶ *Bestätigen Sie nochmals Ihre Eingabe. Das R/3-System wechselt dann auf das Selektionsbild des Reports.*

▶ *Führen Sie den Report mit der entsprechenden Drucktaste oder mit der Funktionstaste F8 aus.*

Checkliste

13.8 Ein Programm im Hintergrund starten

In diesem Kapitel haben wir bisher die Programme »online«, also im »Vordergrund« gestartet. Eine Folge dieser Vorgehensweise war, dass Sie an dem aktuellen R/3-Bildschirm nicht weiter arbeiten können, sondern dass Sie warten mussten, bis die Verarbeitung beendet war.

Wenn Sie ein Programm im »Hintergrund« ausführen, so bleibt der R/3-Bildschirm eingabebereit und Sie können Ihre Arbeit mit anderen Aufgaben fortführen. Es gibt mehrere Gründe, warum Programme in den Hintergrund, also in die Batch-Verarbeitung eingestellt werden:

Der Begriff

- Das SAP-System wird weniger belastet, denn es erkennt die Batch-Anforderung. Es verlegt die Programmverarbeitung in einen anderen Teil (Session) des R/3-Rechners. Das hat zur Folge, dass sich die Antwortzeiten für die SAP-Benutzer nicht verschlechtern.

- Programme, deren Verarbeitungsergebnis nicht sofort benötigt werden, können zeitlich eingeplant und beispielsweise nachts durchgeführt werden. Typische Beispiele hierfür sind das Erstellen von Inventurlisten, der Abschreibungslauf, die Umsatzsteuererklärung.

- Der SAP-Benutzer kann an seinem R/3-Bildschirm weiterarbeiten.

TIPP

Wir zeigen Ihnen in diesem Kapitel wie Sie als R/3-Einsteiger bereits mit der Hintergrundverarbeitung umgehen können. Beachten Sie bitte, dass Ihre R/3-Basiskollegen über umfangreiches Know-how für den Umgang mit der Batch-Verarbeitung verfügen. In R/3 ist es möglich, Jobs zur regelmäßigen Ausführung einzuplanen und automatisch ganze Ketten von Programmen hintereinander durchzuführen. Im R/3-Basissystem (R/3-Modul BC) gibt es hierfür umfangreiche Funktionen, die über das Computing Center Management System (CCMS) genutzt werden. Wir gehen hierauf in unserem R/3-Einsteigerbuch nicht näher ein.

So starten Sie ein Programm im Hintergrund

Wir zeigen Ihnen die Handhabung an unserem Beispiel der Kostenstellenstammdatenliste. Da Sie einige Handgriffe schon kennen, beginnen wir unsere Erklärung auf dem Selektionsbild dieses ABAP/4-Reports. Abbildung 13.13 zeigt das entsprechende R/3-Bildschirmbild.

Abbildung 13.13
Selektionsbild eines
Reports (Hintergrund-
verarbeitung)
© SAP AG

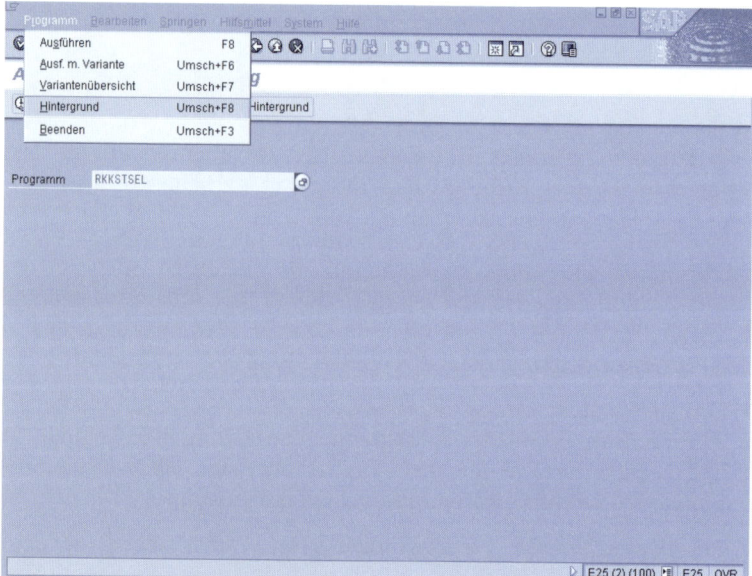

Menü »Programm«   Achten Sie auf den geöffneten Menüpunkt im linken oberen Teil des R/3-Bildschirms. Wir haben den Menüpunkt PROGRAMM geöffnet und Sie können gut die Funktion IM HINTERGRUND AUSFÜHREN erkennen. Statt dem Menüpfad PROGRAMM / IM HINTERGRUND AUSFÜHREN können Sie auch die Funktionstaste [F9] verwenden.

Es ist eine Grundregel im R/3-System, dass für eine Hintergrundverarbeitung immer die Drucksteuerung benötigt wird. Sie sehen in Abbildung 13.14 ein Dialogfenster, das Sie jetzt auf jeden Fall ausfüllen müssen.

Druckparameter setzen

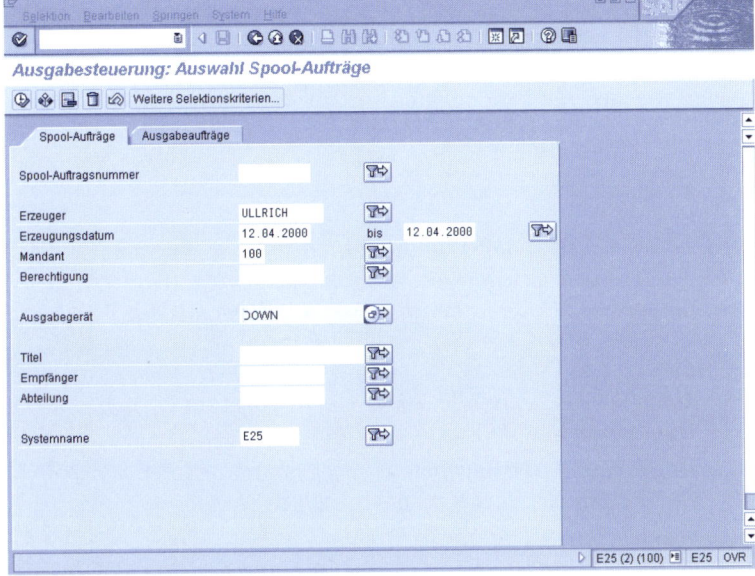

Abbildung 13.14
Hintergrund –
Druckparameter
© SAP AG

Sie müssen auf jeden Fall den Namen eines Druckers (Ausgabegerät) eintragen. Wenn Sie diese Eingabe gemacht haben, so bestätigen Sie Ihre Eingabe mit der ⏎ -Taste.

> *Wenn Sie Ihre Benutzervorgaben ausführlich gepflegt haben, so sollte dies kein Problem sein, denn R/3 kennt dann Ihren lokalen Drucker aus Ihrem SAP-Benutzerstamm.*

TIPP

Beachten Sie, dass die Hintergrundverarbeitung sofort beginnt, nachdem Sie die ⏎ -Taste bedient haben. Das System bestätigt dies mit einer Meldung in der Statusleiste. Die Meldung lautet: »Jobeinplanung für Programm XY erstellt«.

Job läuft sofort

So sehen Sie das Ergebnis der Hintergrundverarbeitung
Die spannende Frage ist nun, was aus dem Batch-Job geworden ist. Zwei Informationen hierzu:

- Über den Menüpfad SYSTEM / EIGENE JOBS können Sie in das Computer Center Management System (CCMS) schauen und prüfen, ob Ihr Job läuft und ob alles fehlerfrei funktioniert.

- Über den Menüpfad SYSTEM / SPOOLAUFTRÄGE können Sie die Ergebnisliste der Programmverarbeitung anschauen.

Eigene Spoolaufträge In Kapitel 14 gehen wir ganz ausführlich auf die Druckfunktionen ein. Wir werden dort das hier gezeigte Beispiel wieder aufgreifen und Ihnen zeigen, wie das Ergebnis der Batch-Verarbeitung aussieht.

Zusammenfassung für die Hintergrundverarbeitung

Checkliste

In der Praxis ist es üblich und erforderlich, dass Programme, die im Hintergrund auszuführen sind, mit einer Reportvariante gestartet werden. Unsere Checkliste beginnt daher mit den Punkten 1 bis 5, die Ihnen aus dem vorausgehenden Absatz bereits bekannt ist.

1. *Rufen Sie das Grundbild des R/3-Reportings auf (z. B. über die Transaktion »SA38«).*
2. *Tragen Sie in das Eingabefeld »Programm« den Reportnamen ein, den Sie mit einer Variante ausführen wollen.*
3. *Wählen Sie die Drucktaste MIT VARIANTE AUSFÜHREN oder VARIANTENÜBERSICHT. Wenn es mehr als eine Variante gibt, wird Ihnen immer die Variantenübersicht angezeigt.*
4. *Mit dem Doppelklick entscheiden Sie sich für eine Variante.*
5. *Bestätigen Sie nochmals Ihre Eingabe. Das R/3-System wechselt dann auf das Selektionsbild des Reports.*
6. *Prüfen Sie nochmals die Selektionskriterien und wählen Sie dann den Menüpfad PROGRAMM / IM HINTERGRUND AUSFÜHREN oder die Funktionstaste [F9].*
7. *Füllen Sie die Druckparameter für die Hintergrundverarbeitung aus.*
8. *Sichern Sie Ihre Daten. Dadurch wird die Batch-Verarbeitung sofort gestartet.*
9. *Prüfen Sie über Ihre persönliche Jobübersicht (SYSTEM / EIGENE JOBS), ob der Job fehlerfrei beendet wurde.*
10. *Schauen Sie sich Ihre persönlichen Spooleinträge an (SYSTEM / EIGENE SPOOLAUFTRÄGE).*

Kapitel 14

Drucken

Selbstverständlich können Sie jede Auswertung aus einem R/3-Informationssystem zu Papier bringen. Drucken können Sie auch immer dann, wenn in einem R/3-Bildschirm das Symbol  in der Symbolfunktionsleiste aktiv ist. Hier weitere Beispiele:

- Berichte, die sich in den Berichtsbäumen befinden, egal mit welcher Technik der Bericht erstellt wurde.

- Standardanalysen, flexible Analysen und Exception-Analysen aus dem Logistik-Informationssystem.

- Mit dem ABAP List Viewer (ALV) gestaltete Listen.

TIPP

Auch wenn Sie sich mit dem Thema »Drucken« im Moment eigentlich nicht befassen wollen, so lesen Sie doch bitte mindestens den letzten Absatz (14.4) in diesem Kapitel. Dort sagen wir Ihnen, wie Sie die Benutzervorgaben in Ihrem SAP-Benutzerstammsatz richtig einstellen.

In diesem Kapitel erfahren Sie mehr über den grundsätzlichen Ablauf eines Druckvorgangs, also über die Drucksteuerung. Wir erklären Ihnen,

- wie Sie eine Liste direkt drucken (ohne Druckdatei, die Sie bearbeiten können),

- wie Sie eine Druckdatei für die Spool-Datei erzeugen und wie Sie diese bearbeiten können,

- wie Sie Ihren SAP-Benutzerstamm mit den richtigen Benutzervorgaben einrichten.

Unser Beispiel Die Einzelschritte des Druckens zeigen wir Ihnen anhand eines Beispiels. Wir bleiben zu diesem Zweck bei dem »Kostenstellenbericht«, den Sie aus dem Kapitel 13 bereits kennen.

14.1 Ablauf der Drucksteuerung

Technische Arbeitsschritte Bis eine Liste tatsächlich auf Papier aus dem Drucker ausgegeben wird, sind im R/3-System ein paar technische Arbeitsschritte erforderlich. Abbildung 14.1 soll Ihnen den Ablauf der Drucksteuerung veranschaulichen.

Abbildung 14.1
Ablauf der
Drucksteuerung in R/3
© SAP AG

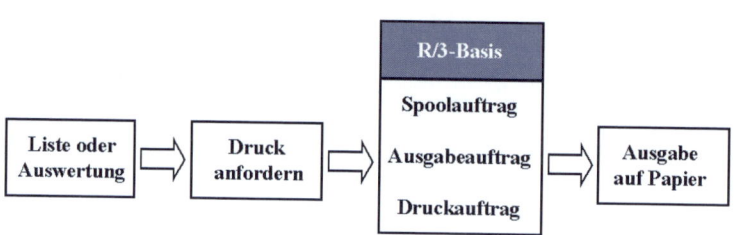

Als SAP-Benutzer nehmen Sie eigentlich nur einen Teil des Gesamtprozesses wahr. Wie in Abbildung 14.1 angedeutet, veranlassen Sie den Druck und nehmen anschließend das bedruckte Papier aus dem Drucker.

 TIPP

Da Sie als SAP-Benutzer aktiv auf den Druckprozess Einfluss nehmen können, sollten Sie sich mit der »Black-Box« befassen. Bitte lesen Sie sich unsere Beschreibung zum Ablauf der Drucksteuerung durch. Im Anschluss daran, also im nächsten Absatz dieses Kapitels (14.2) gehen wir mit Ihnen zusammen ein ausführliches Beispiel durch.

Sobald Sie das Symbol 🖨 wählen, erstellt das R/3-System den sogenannten »Spool-Auftrag«. In einem Spool-Auftrag haben Sie als SAP-
Benutzer die Möglichkeiten, bestimmte Festlegungen zu treffen. Das
R/3-System erkennt an einem Spool-Auftrag, dass eine neue Druckauf-
gabe ansteht.

Spool-Auftrag

Spool-Aufträge sind noch nicht »druckfertig«. Sie werden systemintern
in Ausgabeaufträge umgewandelt und vom Druckmanager verwaltet.

Ausgabeauftrag

Das Drucken ist Aufgabe des Betriebssystems. Der in R/3 erzeugte Ausgabeauftrag wird vom »Druckmanager« in Form eines »Druckauftrag«
an das Betriebssystem übergeben. Erst jetzt wird endgültig die Ausgabe
der Daten auf Papier veranlasst.

Druckauftrag

14.2 Spool-Auftrag erstellen

So rufen Sie eine Liste auf

Wir zeigen Ihnen, wie Sie einen Spool-Auftrag erstellen, anhand des bekannten »Kostenstellenberichts«, den Sie im Kapitel 13 kennengelernt
haben. (Vergleiche Abbildung 13.5).

Unser Beispiel

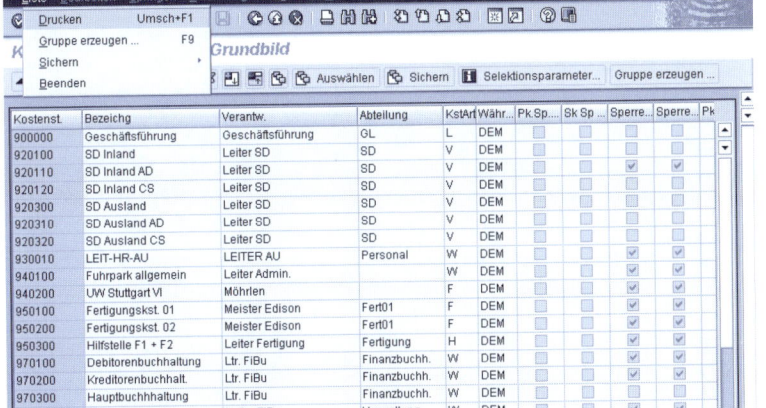

Abbildung 14.2
Kostenstellenbericht
© SAP AG

So rufen Sie die Druckfunktion auf

Verschiedene Möglichkeiten Abbildung 14.2 zeigt den Kostenstellenbericht. Zusätzlich haben wir den Menüpfad LISTE / DRUCKEN für Sie aufgerufen. Sie können natürlich auch das Symbol 🖨 verwenden. Die beiden hier gezeigten Möglichkeiten sind gleichwertig. Wichtig ist, dass Sie durch diesen Funktionsaufruf in einen weiteren R/3-Bildschirm für die Pflege der Druckoptionen aufrufen.

So pflegen Sie die Druckoptionen

Druckoptionen Abbildung 14.3 zeigt den R/3-Bildschirm, in dem Sie Druckoptionen pflegen können. Wir erklären die Feldgruppen und möglichen Eingaben recht ausführlich, weisen aber darauf hin, dass Sie die wichtigsten Eingabefelder durch entsprechende Benutzervorgaben in Ihrem SAP-Benutzerstamm vorbelegen können.

Abbildung 14.3
Druckoptionen pflegen
© SAP AG

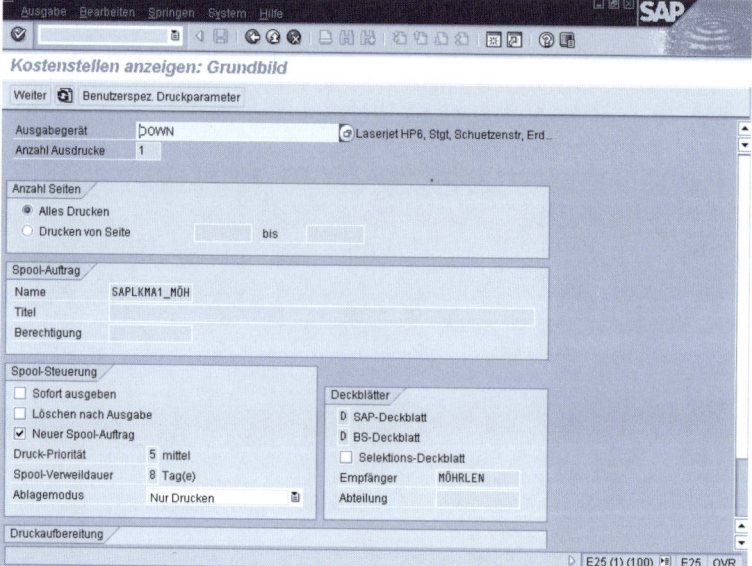

Ausgabegerät Wenn Sie Ihre Benutzervorgaben gepflegt haben, so steht in diesem Eingabefeld als Vorschlagswert bereits ein Druckername. Sie können die Suchhilfe (Matchcode) verwenden, um einen geeigneten Drucker zu suchen.

Anzahl Ausdrucke Als Vorschlagswert steht hier immer die »1«. Das System geht also davon aus, dass Sie eine bestimmte Liste einmal drucken wollen. Beachten Sie hierzu:

- Wenn Sie die Druckoption SOFORT AUSGEBEN wählen, müssen Sie über die Anzahl der gewünschten Ausdrucke nachdenken und bei Bedarf einen anderen Wert als »1« eintragen.

- Wenn Sie die Druckoption SOFORT AUSGEBEN nicht wählen, dann können Sie später in der Spool-Datei noch festlegen, wie viele Exemplare der Liste Sie ausdrucken wollen.

In Abbildung 14.3 sehen Sie eine Feldgruppe mit dem Namen »Spool-Auftrag«. Sie haben hier die Möglichkeit einen längeren Titel zur genaueren Beschreibung einzugeben. Interessant ist auch die Möglichkeit, die Liste durch eine Berechtigung zu schützen. **Spool-Auftrag**

In Ihrem SAP-Benutzerstamm sollten Sie zu diesen Eingabefeldern Vorschlagswerte eintragen. Wie das geht sagen wir Ihnen am Ende dieses Kapitels. Zu den wichtigsten Eingabefeldern der Spool-Steuerung im Einzelnen: **Spool-Steuerung**

- Mit der Druckoption SOFORT AUSGEBEN legen Sie fest, dass der Papierausdruck sofort erstellt wird. Sie können die Ausgabe nicht weiter beeinflussen oder gar bearbeiten. Nach dem Ausdrucken ist die Liste »weg«, also in der Spool-Datei nicht mehr aufzufinden.

- Ohne die Druckoption SOFORT AUSGEBEN wird ein Spool-Auftrag erstellt, also eine Spool-Datei, die Sie nachbearbeiten können.

- Die Angaben zur Spool-Verweildauer machen nur Sinn, wenn der Parameter »Löschen nach Ausgabe« nicht gesetzt ist.

Wenn Sie Ihre Liste auf einem Drucker ausgeben, der von mehreren SAP-Benutzern benutzt wird, dann sollten Sie Ihre Liste mit einem aussagefähigen Deckblatt (Empfänger, Abteilung) versehen. **Deckblätter**

Jede Liste hat sinnvoller Weise ein Ausgabeformat. Im Ausgabeformat wird die Anzahl Zeilen und die Anzahl der Spalten je Seite festgelegt. Diese Parameter lassen Sie am besten wie sie sind, denn Sie werden vom R/3-System ermittelt. **Ausgabeformat**

So sichern Sie die Druckoptionen

Wenn Sie die Druckoptionen vollständig gepflegt haben, sichern Sie Ihre Eingaben. Verwenden Sie hierzu das Symbol Weiter oder die Funktionstaste Umsch + F1 . Beachten Sie, dass wir in unserem Beispiel die Druckoption SOFORT AUSGEBEN nicht verwenden. Das System informiert Sie nach dem Sichern der Daten in der Statusleiste mit einer Information »Spool-Auftrag (Nummer 0000029116) ohne Sofortdruck erstellt«. Abbildung 14.4 zeigt ein passendes Beispiel. **Daten sichern**

Abbildung 14.4
Spool-Auftrag wurde
erstellt
© SAP AG

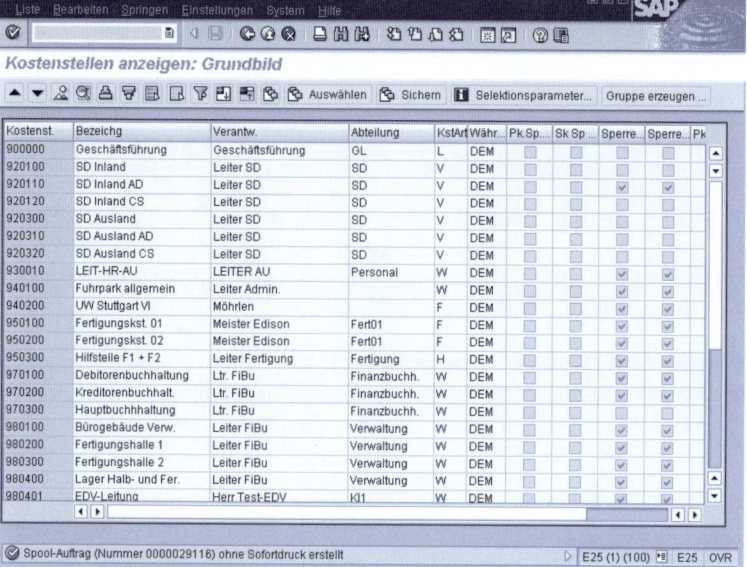

Checkliste

> Wir fassen in der Checkliste alle Einzelschritte für Sie zusammen. Wir beginnen die Checkliste damit, dass Sie eine druckbare Auswertung aufrufen und schließen die Checkliste mit der Erstellung des Spool-Auftrags ab:
>
> ▶ Rufen Sie die Auswertung oder Liste auf, die Sie ausdrucken wollen. Verwenden Sie beispielsweise einen Report oder einen Bericht aus einem R/3-Berichtsbaum.
>
> ▶ Wenn Sie die Auswertung am R/3-Bildschirm sehen, wählen Sie das Symbol 🖨 oder den Menüpfad BEARBEITEN / DRUCKEN.
>
> ▶ Pflegen Sie die Druckoptionen.
>
> ▶ Wenn Sie die Druckoption SOFORT AUSGEBEN wählen, wird die Liste sofort ausgedruckt und Sie können diese sofort am Drucker abholen.
>
> ▶ Wenn Sie die Druckoption SOFORT AUSGEBEN nicht gewählt haben, so wird ein Spool-Auftrag erzeugt. Sichern Sie hierfür Ihre Eingaben mit dem Symbol Weiter .
>
> ▶ Spool-Aufträge können Sie nachbearbeiten. Mehr hierzu finden Sie im nächsten Absatz.

> *Wir haben Ihnen die Druckoptionen (Abbildung 14.3) ausführlich vorgestellt, damit Sie sich in die Handhabung einarbeiten können. Beachten Sie, dass Sie in den meisten Fällen die vom R/3-System vorgeschlagenen Angaben unverändert verwenden können.*

TIPP

14.3 Mit der Spool-Datei arbeiten

Im vorausgehenden Absatz 14.2 haben wir Ihnen die Einzelschritte bis zum Erstellen eines Spool-Auftrags gezeigt. Wichtig war hierfür, dass Sie die Druckoption *SOFORT AUSGEBEN* nicht verwenden. In Abbildung 14.4 bestätigt uns das R/3-System, dass ein Spool-Auftrag erzeugt wurde, und diesen wollen wir jetzt in der Spool-Datei wiederfinden.

Spool-Datei

So rufen Sie die Spool-Datei auf

Sie rufen die Spool-Datei immer über das Menü »System« auf. Sie können also auf jedem R/3-Bildschirm in die Verwaltungsfunktionen für die Spool-Datei wechseln. Der Menüpfad heißt: SYSTEM / DIENSTE / AUSGABESTEUERUNG. Sie können auch den Transaktionscode »SP01« im Kommandofeld eingeben (»/n«+»SP01«).

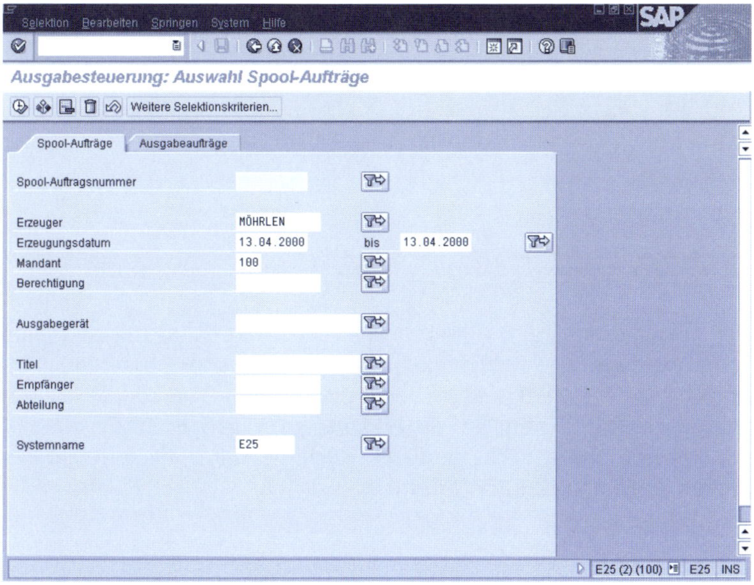

Menü: System

Abbildung 14.5
Spool-Datei verwalten –
Einstiegsbild
© SAP AG

Spool-Datei anzeigen Abbildung 14.5 zeigt das Einstiegsbild der R/3-Funktion, mit der Sie die Spool-Datei verwalten. Sie haben in diesem R/3-Einsteigerbuch schon mehrere Einstiegsbilder kennengelernt und wissen daher, wozu so ein R/3-Bildschirm wichtig ist.

In unserem Beispiel wollen wir alle Spool-Aufträge des SAP-Benutzers »Möhrlen« aus dem Mandanten 100 sehen. Mit dem Symbol ⊕ gelangen Sie in die Übersicht der Spool-Aufträge.

Das sagt Ihnen die Übersicht der Spool-Aufträge

Übersicht Abbildung 14.6 zeigt die angeforderte Übersicht für Spool-Aufträge. Zur Dokumentation wird festgehalten, wann ein Spool-Auftrag erzeugt wurde. Wichtig sind außerdem der Ausgabestatus und der Titel des Spool-Auftrags.

Abbildung 14.6
Übersicht Spool-Auftäge
© SAP AG

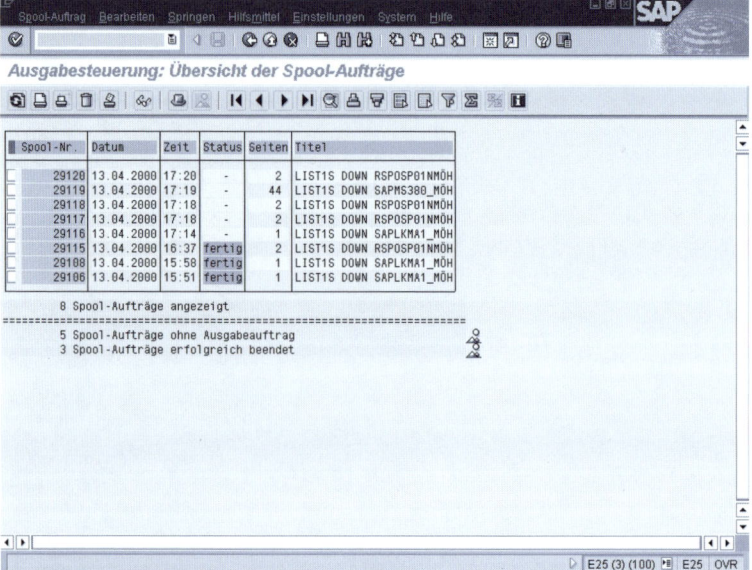

Ausgabestatus Der Ausgabestatus gibt Auskunft über den Bearbeitungszustand eines Spool-Auftrags. Wie Abbildung 14.6 zeigt, sind die drei unteren Spool-Aufträge bereits »fertig«, d.h., der Druck ist erfolgt. und der Druck war erfolgreich. Die oberen fünf Spool-Aufträge zeigen als Status ein »-«, d.h., es wurde noch nicht gedruckt. Wichtige Status, die evtl. ein Eingreifen durch den Benutzer erfordern sind:

- Status »Druckt«: Der Druck ist in Arbeit. Ob der Druck erfolgreich ist oder nicht, ist noch nicht bekannt.

- Status »Fehler«: Der Druck konnte nicht ausgeführt werden. Es liegt ein Fehler vor, z.B. ist kein Papier mehr im Drucker. Über das Menü BEARBEITEN / ANZEIGEN PROTOKOLL erhalten Sie weitere Informationen.

- Status »Archiv«: Der Druckausgabe ist für die Archivierung und wartet noch.

Die Eigenschaften bzw. Attribute zu einem Spool-Auftrag können Sie sich anzeigen lassen.

Attribute zum Spool-Auftrag

Die Attribute zu einem Spool-Auftrag können Sie noch ändern. Dies ist insbesondere dann wichtig bzw. sinnvoll, solange der Spool-Auftrag noch nicht gedruckt wurde.

Sie können aus der Verwaltung der Spooldatei heraus auch die Inhalte eines Spool-Auftrages anzeigen lassen. Auf diese Weise können Sie sich versichern, dass Sie die richtigen Daten auf den Drucker geben werden.

Inhalte anzeigen

Mit dem Symbol 🖶 veranlassen Sie, dass der Spool-Auftrag in einen Ausgabeauftrag für das Betriebssystem Windows umgesetzt wird. Der Ausgabestatus verändert sich entsprechend. Mit dem Symbol 🔁 aktualisieren Sie die Anzeige.

Inhalte drucken

In der Spool-Datei werden alle Spool-Aufträge verwaltet. Ein Spool-Auftrag wird erzeugt, wenn Sie die Druckoption SOFORT AUSGEBEN nicht wählen. Sie können aus jedem beliebigen R/3-Bildschirm heraus in die Verwaltungsfunktionen der Spool-Datei wechseln.

Checkliste

▶ *Rufen Sie den Menüpfad SYSTEM / DIENSTE / AUSGABESTEUERUNG auf oder verwenden Sie die Transaktion »SP01« im Kommandofeld.*

▶ *Legen Sie im Einstiegsbild der Funktion fest, welche Spool-Aufträge selektiert werden sollen.*

▶ *Rufen Sie mit dem Symbol 🕒 die Übersicht der gefundenen Spool-Aufträge auf.*

▶ *Bearbeiten Sie einen oder mehrere Spool-Aufträge.*

> **TIPP**
>
> *In diesem Kapitel haben wir Ihnen die Grundlagen erklärt, die Sie kennen müssen, um Spool-Aufträge bearbeiten zu können. Testen Sie selbst, was sonst noch möglich ist. Unter anderem können Sie den Druck auf einen anderen Drucker umleiten oder Sie können die Berechtigungen einer Spool-Datei ändern.*

14.4 Voreinstellungen im SAP-Benutzerstamm

Sehr wichtig Wenn Sie sicher sein wollen, jederzeit reibungslos und ohne besonderen Aufwand aus R/3 drucken zu können, dann sollten Sie sich einmal die (geringe) Mühe machen, die Benutzervorgaben in Ihrem SAP-Benutzerstamm zu pflegen.

So rufen Sie die Benutzervorgaben auf

Menü: System In jedem R/3-Bildschirm finden Sie das Menü SYSTEM. Wählen Sie den Menüpfad SYSTEM / BENUTZERVORGABEN / EIGENE DATEN. Klicken Sie anschließend auf die Registerkarte »Festwerte«. Abbildung 14.7 zeigt Ihnen den entsprechenden R/3-Bildschirm.

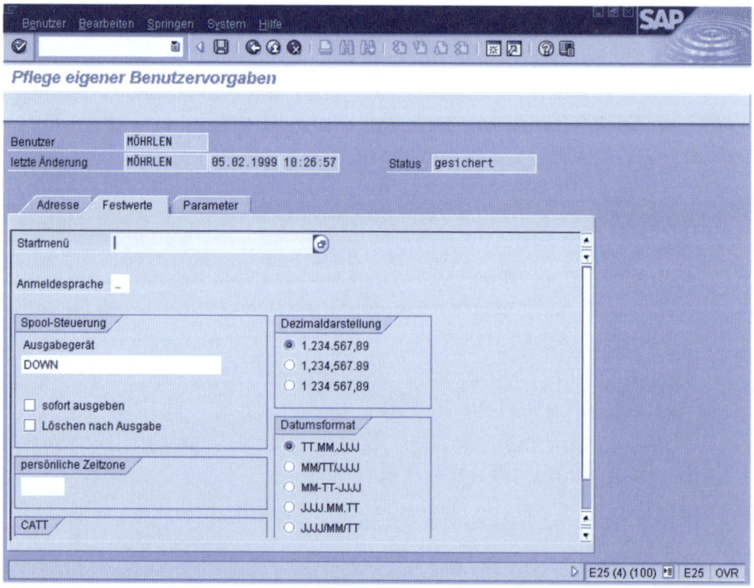

Abbildung 14.7
Benutzervorgaben –
Festwerte pflegen
© SAP AG

So pflegen Sie die Benutzervorgaben

Achten Sie in diesem R/3-Bildschirm auf die Feldgruppe »Spool-Steuerung«. Tragen Sie den Namen des Ausgabegeräts ein, das Sie üblicherweise im Tagesgeschäft verwenden werden. Beachten Sie die Parameter »Sofort ausgeben« und »Löschen nach Ausgabe«. **Spool-Steuerung**

Sichern Sie Ihre Eingaben. Verwenden Sie hierzu das Symbol  aus der Symbolfunktionsleiste oder die Funktionstaste F11 . **Daten sichern**

Folgen Sie den Einschritten unserer Checkliste, dann werden Sie problemlos Ihre Benutzervorgaben für die Drucksteuerung pflegen können:

Checkliste

▶ *Rufen Sie die Pflegefunktion für Benutzervorgaben aus einem beliebigen R/3-Bildschirm auf. Wählen Sie hierzu den Menüpfad* SYSTEM / DIENSTE / EIGENE DATEN.

▶ *Wählen Sie die Registerkarte* FESTWERTE.

▶ *Pflegen Sie die Parameter der Feldgruppe »Spool-Steuerung«.*

▶ *Sichern Sie Ihre Eingaben mit dem Symbol*  *oder mit der Funktionstaste* F11 .

Denken Sie daran, dass Sie einen Spool-Auftrag nur dann in der Spool-Datei nachbearbeiten können, wenn die Druckoption SOFORT AUSGEBEN *nicht verwendet wird.*

Wenn Sie den Namen des Ausgabegeräts nicht wissen, fragen Sie Ihre Kollegen der Systemadministration, denn die sind für das Einrichten von Druckern für R/3 zuständig.

Kapitel 15

So arbeiten Sie mit dem Büro

Als erstes R/3-Fachgebiet sehen Sie im SAP-Menü beziehungsweise in SAP® Easy Access den Menüpunkt BÜRO. Was zu den Bürofunktionen gehört und wie Sie mit diesen arbeiten, ist der Schwerpunkt in diesem Kapitel. Abbildung 15.1 zeigt die Funktionen im Überblick.

- Wir geben Ihnen eine kurze Beschreibung zu allen Bürofunktionen.

- Vertiefend stellen wir Ihnen die Mailingfunktionen (Eingang, Ausgang) vor.

SAPOffice

In der R/3-Dokumentation werden Sie die in diesem Kapitel besprochenen Bürofunktionen auch unter dem Namen »SAPOffice« finden. SAPOffice bietet vergleichbare Möglichkeiten, die auch aus anderen Büroanwendungen wie Outlook® oder Lotus Notes® bekannt sind.

Auch extern

Mit den Mailingfunktionen erreichen Sie nicht nur andere SAP-Benutzer in beliebigen R/2- und R/3-Systemen. Sie können außerdem statt mit dem Eingangs- und Ausgangskorb von SAPOffice mit anderen Postkörben (Outlook, Lotus Notes) arbeiten. Die Kollegen der R/3-Basis müssen hier jedoch zuerst noch etwas tun, bevor das funktioniert.

Abbildung 15.1
Das SAP-Menü BÜRO
© SAP AG

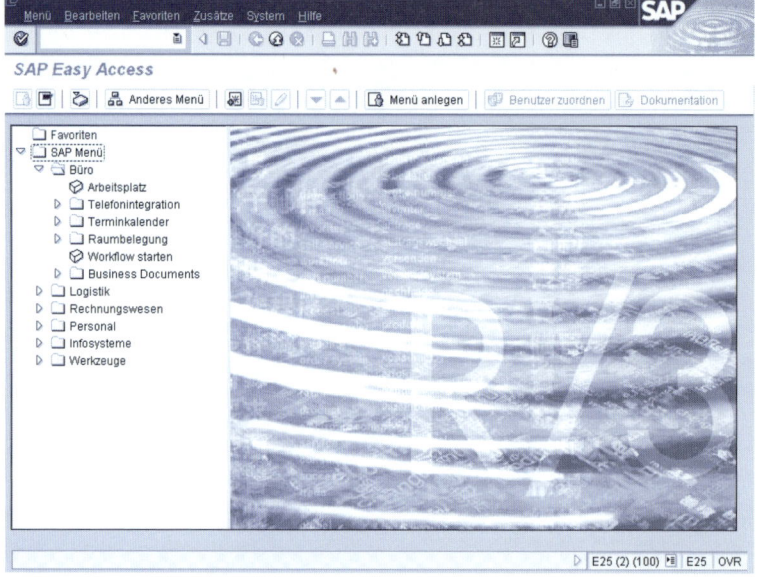

15.1 Eingang und Ausgang

Mailing

Beliebige Adressaten Mit den Mailingfunktionen »Eingang« und »Ausgang« können Sie R/3-intern und -extern kommunizieren. Mit R/3-interner Übermittlung von Nachrichten sprechen Sie andere SAP-Benutzer an, die im selben R/3-System wie Sie arbeiten. Auch die externe Übermittlung von Nachrichten an praktisch beliebige Empfänger ist möglich. Je nach der informationstechnologischen Umgebung stehen in R/3 verschiedene Techniken zur Verfügung:

- SAPconnect (SAPcomm)
- Telematik
- MAPI-Client (Outlook)
- Internet

Mit den Mailingfunktionen von SAPOffice senden Sie Notizen an einen oder mehrere Empfänger und empfangen von diesen Nachrichten mit oder ohne Anlagen. Dabei arbeiten Sie auch mit Prioritäten und verwenden Empfangsbestätigungen.

So arbeiten Sie mit dem Eingangskorb

In Abbildung 15.2 sehen Sie, wie ein Eingangskorb in SAPOffice aussehen kann, den Sie unter dem Menü ARBEITSPLATZ finden. Wir sagen bewusst: Er »kann« so aussehen. Denn über den Menüpunkt EINSTELLUN-

GEN können Sie zahlreiche individuelle Anpassungen vornehmen. An der hier genannten Stelle können Sie auch die Daten für Ihre Vertreter und die Empfängerliste zum automatischen Weiterleiten pflegen.

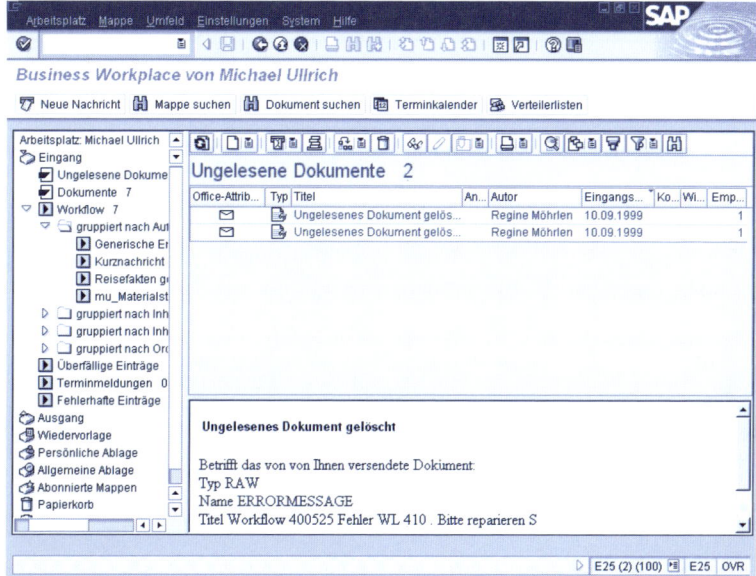

Abbildung 15.2
Eingangspostkorb im
SAPOffice
© SAP AG

Wie Sie gut in Abbildung 15.2 erkennen können, werden die eingehenden Nachrichten nach bestimmten Kriterien sortiert:

Ordnung im Eingangskorb

- Solange eine Nachricht ungelesen ist, steht sie in einer anderen Mappe, als die gelesenen (Dokumente, ungelesene Dokumente).

- Nachrichten, beziehungsweise »Workitems«, die Sie aus dem SAP Business Workflow erhalten, stehen in einer eigenen Mappe.

- Nachrichten, für die eine Fristüberschreitung oder eine Terminüberschreitung vorliegt, stehen in verschiedenen Mappen.

- An Sie fehlerhaft übermittelte Nachrichten werden ebenfalls gesondert ausgewiesen. Die »Fehler« haben in der Regel technische Gründe, beispielsweise ist eine Anlage zur Mail so umfangreich, dass sie nicht mehr vollständig versendet werden konnte und daher nur fragmentarisch oder gar nicht bei Ihnen angekommen ist.

Wenn Sie einen dieser Menüeinträge in Abbildung 15.2 aufrufen, so gelangen Sie in die Liste der vorhandenen Mails. In unserem Beispiel haben wir einen Eintrag aus dem Menü UNGELESENE DOKUMENTE verwendet. Im rechten Bildschirmbereich erscheint eine Auswahlliste. Auch für die in Abbildung 15.2 sichtbare Liste der vorhandenen Nachrichten wollen wir betonen, dass diese Liste nur im SAP-Standard so aussieht.

Eingangskorb – Liste

Sie können individuelle Anpassungen über den Menüpunkt EINSTELLUN-
GEN vornehmen. Für die hier gezeigte Grundeinstellung fassen wir die
Bedeutung der einzelnen Spalten in Tabelle 15.1 zusammen:

Spalte	Beschreibung
»Office Attribute« und »Typ«	Office-Attribute. Wichtige Attribute sind »gelesen«, »Express«, »Wiedervorlage«.
»Titel«	Titel der Mail.
»AN«	Information, ob es zu der Mail eine oder mehrere Anlagen gibt. Anlagen können z. B. auch Winword-Dokumente sein.
»Autor«	Name des Autors, der die Mail erstellt hat.
»Eingangsdatum«	Eingangsdatum. Datum, an dem die Mail in dem jeweiligen Posteingang angekommen ist.
»Kopie«	Das Dokument wurde als Kopie gesendet.
»Wi«	Hier wird gesagt, daß es sich um eine Wiedervorlage handelt.
»Emp«	Anzahl der Empfänger

Tabelle 15.1 Beschreibung zur Listdarstellung im Eingangskorb

Drucktasten Die Bearbeitungsfunktionen sind – entsprechend der Sache, um die es hier geht – sehr umfangreich. Die wichtigsten Funktionen finden Sie in der Anwendungsfunktionsleiste. Die Wesentlichen sind:

- Anlegen einer neuen Mail
- Aktualisieren des Posteingangskorbs
- Wiedervorlage des Dokuments
- Ablegen des Dokuments

Checkliste

Unsere Checkliste bezieht sich auf das Arbeiten mit dem Eingangskorb im SAPOffice.
▶ Rufen Sie den Eingangskorb über den Menüpfad BÜRO / ARBEITSPLATZ / EINGANG auf.
▶ Entscheiden Sie sich für eine Mappe des Eingangskorbs und klicken Sie darauf.
▶ Lesen Sie Ihre eingegangenen Nachrichten. In der Anwendungsfunktionsleiste finden Sie umfangreiche Bearbeitungsmöglichkeiten.

> *Das Anpassen der SAP-Grundeinstellungen im SAPOffice ist et-* **TIPP**
> *was für Spezialisten. Sie machen sich hier leicht mehr Arbeit, als*
> *Sie Nutzen davon haben. Belassen Sie zunächst die Grundeinstel-*
> *lungen, wie sie sind, und sammeln Sie erst Erfahrungen im Um-*
> *gang mit SAPOffice, bevor Sie Veränderungen vornehmen.*

So arbeiten Sie mit dem Ausgangskorb

Wählen Sie den Menüpfad BÜRO / ARBEITSPLATZ / AUSGANG / DOKU-
MENT. Dort wählen Sie  um Notizen zu erstellen und zu versenden.
Es stehen Ihnen hier die für Mailinganwendungen üblichen Funktionen
zur Verfügung. Sie können unter anderem:

- mit Verteilerlisten arbeiten

- den Sendestatus überwachen

- mit Sendeattributen den Versand steuern (vgl. Abbildung 15.3)

Wie Sie eine neue Mitteilung erstellen, ist recht einfach. Sie rufen zu-   **Neue Mitteilung**
nächst den Postausgang und »Dokument anlegen« auf, dann sehen Sie
schon in der Anwendungsfunktionsleiste, was zu tun ist. Abbildung
15.3 zeigt Ihnen den R/3-Bildschirm.

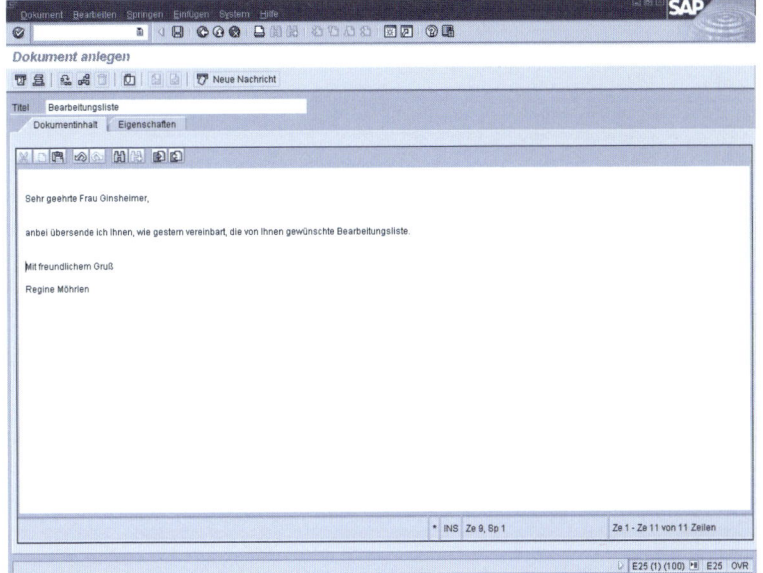

Abbildung 15.3
Postausgang im
SAPOffice – Dokument
anlegen
© SAP AG

Betreff und Text Geben Sie den Titel des Dokuments und den Dokumenteninhalt ein. Wenn Sie fertig sind, wählen Sie aus der Anwendungsfunktionsleiste das Symbol für Senden [🖅] . Sie gelangen auf einen weiteren R/3-Bildschirm, auf dem Sie einen oder mehrere Empfänger eintragen. Sie können statt eines Empfängers auch den Namen einer Verteilerliste eintragen. Abbildung 15.4 zeigt einen passenden R/3-Bildschirm.

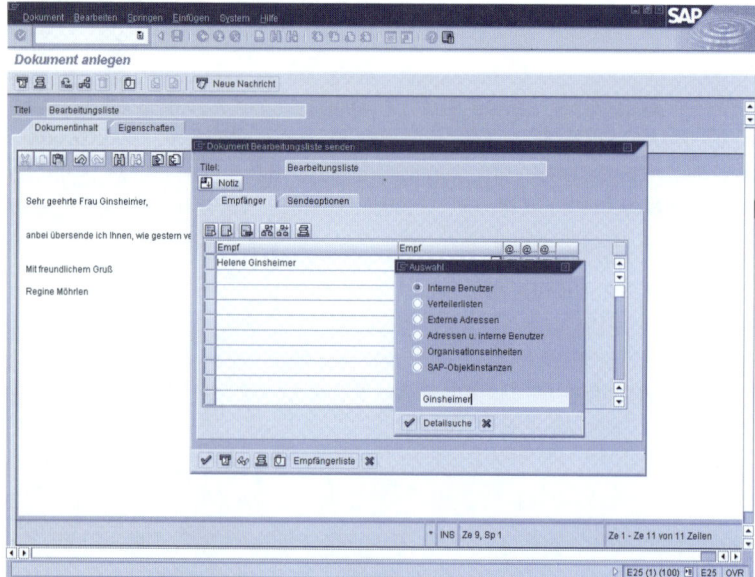

Senden vorbereiten Wenn sie auf die Mappe SENDEOPTIONEN klicken, so können Sie bei Bedarf zusätzliche Sendeattribute setzen.

Senden Abbildung 15.5 zeigt diese Sendeoptionen. Anschließend senden Sie die Nachricht mit dem Symbol [🖅] .

Checkliste

> *Hier sehen Sie wieder eine Checkliste, die Ihnen das Erstellen Ihrer ersten Nachrichten im SAPOffice erleichtern soll. Beachten Sie, dass wir hier von einer ganz »schlanken« Nachricht ohne Anlagen oder Einfügungen aus anderen Dateien etc. ausgehen.*
>
> ▶ *Rufen Sie den Postausgang über den Menüpfad BÜRO / AUSGANG auf.*
>
> ▶ *Wählen Sie aus der Anwendungsfunktionsleiste das Symbol [📄📃] .*
>
> ▶ *Füllen Sie den »Titel« aus und bestätigen Sie Ihre Eingabe mit [↵] .*
>
> ▶ *Erfassen Sie den Nachrichtentext.*

▷ *Bereiten Sie die Nachricht zum Senden vor. Tragen Sie also einen oder mehrere Empfänger ein und setzen Sie bei Bedarf besondere Sendeattribute.*

▷ *Senden Sie die Nachricht mit dem entsprechenden Symbol*  *aus der Anwendungsfunktionsleiste*

.

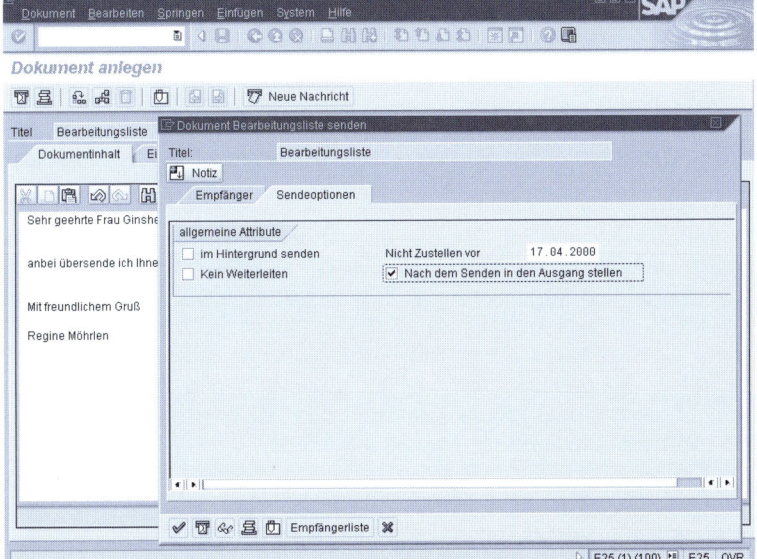

Abbildung 15.5
Postausgang im SAP-
Office — Sendeoptionen
© SAP AG

> **TIPP**
>
> *Üben Sie das Erstellen und Versenden von Nachrichten. Probieren Sie auch diejenigen Funktionen, die nur über die Menüleiste ausgeführt werden können. Bedenken Sie, dass Sie praktisch jeden Bericht, egal aus welchem R/3-Informationssystem, mit SAPOffice versenden können. In Kapitel 12 und 13 haben wir Ihnen Beispiele gezeigt. Es lohnt sich auf jeden Fall.*

Dokumententypen

Den Nachrichten können Dokumente unterschiedlichster Art als Anlagen beigefügt werden. Abhängig vom Dokumententyp können Sie mit dem jeweiligen Dokument verschiedene Dinge tun. Unterscheiden Sie bitte zwischen drei Dokumentenarten:

- SAP-Dokumente

- Dokumente aus PC-Anwendungen

- Sonderformen

SAP-Dokumente Unter SAP-Dokumenten verstehen wir Dokumente, die R/3-intern erzeugt werden. Es kann sich beispielsweise um Listen handeln, also um Reports oder um Auswertungen, die mit »ABAP Query« erstellt wurden. Der Dokumententyp heißt dann »ALI«. Es gibt auch noch andere Dokumententypen für SAP-Dokumente:

- In R/3 erzeugte Grafiken werden automatisch mit der Dateierweiterung »GRA« kenntlich gemacht.

- Der Dokumententyp »RAW« steht für Nachrichten, die direkt mit dem R/3-Mailingsystem erstellt wurden.

PC-Anwendungen Sie können beliebige PC-Dokumente als Anlagen zu Nachrichten versenden. Innerhalb von R/3 werden diese »externen« Dokumente mit dem Dokumententyp »EXT« gekennzeichnet. Beispiele sind Winword®-Texte (.doc), Powerpoint®-Grafiken (.ppt) und Excel®-Tabellen (.xls).

Sonderformen Als Sonderformen wollen wir noch Dokumententypen erwähnen, die in R/3 nur zur Verfügung stehen, wenn das R/3-System mit entsprechenden externen Anwendungen gekoppelt wurde:

- Archivierte Dokumente (ARC)

- Eingehende Telefaxe (FAX)

- Mappen (FOL)

- Verteilerlisten (DLI)

15.2 Ablage

Die »Ablage« schafft Ordnung im Büro. Sie können hier Ihre persönliche Ablage und eine allgemeine Ablage strukturieren und verwalten. Wer auf welches Dokument zugreifen kann, wird durch die Zugriffsrechte gesteuert. Mit den Ablagefunktionen von SAPOffice können Sie auch Wiedervorlagen verwalten.

Die Zugriffsrechte steuern die Ablage

In welcher Mappe Sie ein Dokument ablegen können, hängt wesentlich davon ab, wer zukünftig Zugriff auf das Dokument erhalten soll:

- Wenn nur Sie auf das Dokument zugreifen sollen, legen Sie das Dokument in einer persönlichen Mappe ab. Außer Ihnen können nur noch Vertreter, denen Sie eine entsprechende Berechtigung gegeben haben, auf das Dokument zugreifen.

- Wenn mehrere SAP-Benutzer auf das Dokument zugreifen sollen, legen Sie das Dokument in einer allgemeinen Mappe ab. Aber auch hier gilt: Zugriff hat nur, wer zur Gruppe gehört.

Die Zugriffsrechte werden außerdem differenziert. Sie können entscheiden, wer ein Dokument nur anzeigen oder dieses auch ändern darf. Auch das Löschen, Drucken und Exportieren ist nicht ohne besondere Berechtigung möglich. **Besondere Rechte**

So arbeiten Sie mit »Mappen«

Um die Ablage zu verwalten, richten Sie für Ihren persönlichen Bereich eine beliebige Mappenstruktur ein. Stellen Sie sich das Arbeiten mit Mappen so vor, wie Sie es aus dem Windows® Explorer kennen. Die Mappen bauen praktisch eine Verzeichnisstruktur auf, in der Sie systematisch nach Themen geordnet Ihre Dokumente ablegen. **Ablage verwalten**

Mappen strukturieren die Ablage. Über den Menüpfad BÜRO / ARBEITSPLATZ / PERSÖNLICHE ABLAGE rufen Sie die Verwaltungsfunktionen für Mappen auf. Sie können hier Mappen
- *anlegen, ändern und anzeigen,*
- *drucken und löschen.*

Checkliste

Wenn Sie Dokumente nach einer gewissen Zeit weiterbearbeiten wollen, so legen Sie für das entsprechende Dokument eine Regel zur »Wiedervorlage« an. Beispiele für Regeln sind: **Wiedervorlage**

- Dokument periodisch, alle x Tage wieder vorlegen.

- Wieder vorlegen, falls zwischenzeitlich nicht gelesen oder beantwortet.

Rufen Sie zunächst den Menüpfad BÜRO / ARBEITSPLATZ / WIEDERVORLAGE auf. Die Eingangsliste, die Sie hier sehen, beinhaltet diejenigen Dokumente, die Sie in die Wiedervorlage verschoben haben.

Checkliste

15.3 Verwaltung

Zu den Verwaltungsfunktionen gehören persönliche Büroeinstellungen und die Möglichkeit, einen oder mehrere Vertreter festzulegen und zu verwalten. Im Zusammenhang mit den Mailingfunktionen ist wichtig, dass Sie Verteilerlisten erstellen und das automatische Weiterleiten von Notizen regeln können.

So pflegen Sie Ihre Vertreter

Bevor Sie für die Mailingfunktionen einen Vertreter benennen können, müssen Sie diesen in den Einstellungsfunktionen des SAPOffice eingerichtet haben. Sie tun dies über den Menüpfad BÜRO / ARBEITSPLATZ / EINSTELLUNGEN / BÜROEINSTELLUNGEN. Abbildung 15.6 zeigt Ihnen, wie das aussieht.

Abbildung 15.6
Vertreter pflegen
© SAP AG

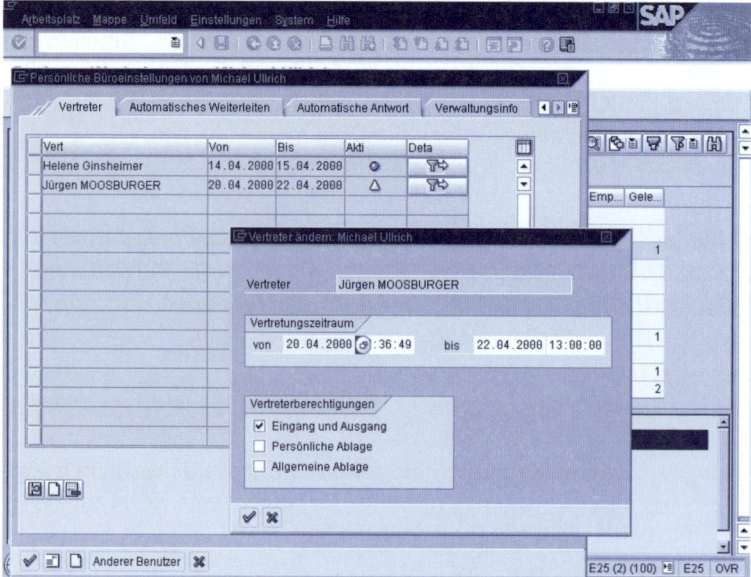

Umfang der Vertretung — Für jeden Vertreter regeln Sie genau den Umfang der Vertretung. Beachten Sie hierzu in Abbildung 15.6 vor allem die Feldgruppen »Vertretungszeitraum« und »Vertreterberechtigungen«. Achten Sie darauf, Ihre Eingaben mit dem entsprechenden Symbol in der Symbolfunktionsleiste zu sichern, sonst war die ganze Arbeit umsonst.

> ▶ Rufen Sie diese Funktion über den Menüpfad BÜRO / ARBEITS-
>   PLATZ / EINSTELLUNGEN / BÜROEINSTELLUNGEN auf.
>
> ▶ Achten Sie auf die Anwendungsfunktionsleiste und wählen Sie
>   das Symbol für ANLEGEN VERTRETER.
>
> ▶ Pflegen Sie die Regeln für den Vertreter (Zeitraum und
>   Rechte).
>
> ▶ Sichern Sie Ihre Eingaben mit dem Symbol ✔ oder mit der
>   Funktionstaste [F8].

Checkliste

So regeln Sie das automatische Weiterleiten

Das automatische Weiterleiten von Nachrichten steht im Zusammenhang mit der Vertreterregelung. Sie aktivieren hier gewissermaßen die
Funktion, dass Nachrichten an einen oder mehrere Vertreter weiterzu-
leiten sind. In Abbildung 15.7 sehen Sie, wie das aussieht.

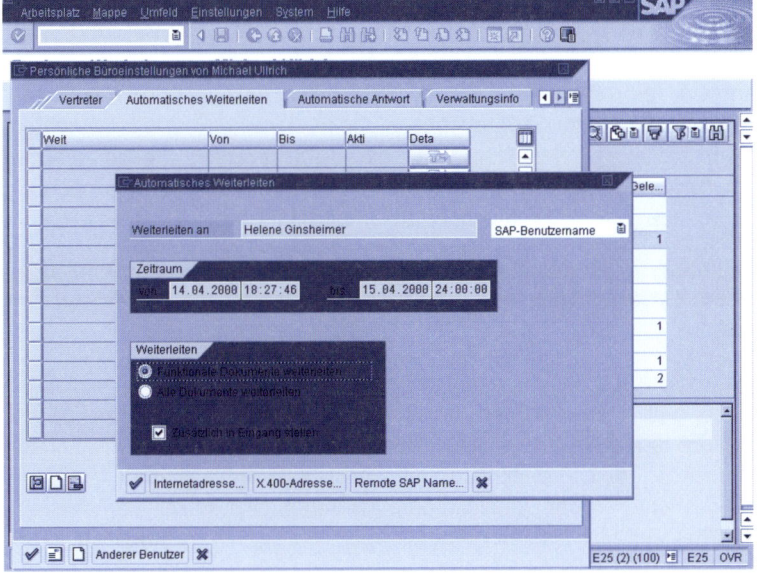

Abbildung 15.7
Automatisches
Weiterleiten pflegen
© SAP AG

Umfang der Weiterleitung

Wenn Sie eine neue Weiterleitung einrichten wollen, so rufen Sie den entsprechenden Menüpfad auf und wählen das Symbol ANLEGEN AUTOMATISCHES WEITERLEITEN. Sie finden dieses Symbol in der Anwendungsfunktionsleiste. Abbildung 15.7 zeigt Ihnen, welche Detaildaten Sie pflegen müssen.

Checkliste

- *Rufen Sie diese Funktion über den Menüpfad BÜRO / ARBEITSPLATZ / EINSTELLUNGEN / BÜROEINSTELLUNGEN auf.*
- *Achten Sie auf die Anwendungsfunktionsleiste und wählen Sie das Symbol für »Anlegen automatisches Weiterleiten«.*
- *Pflegen Sie die Regeln für das Weiterleiten (Zeitraum und Umfang).*
- *Sichern Sie Ihre Eingaben mit dem Symbol ✔ oder mit der Funktionstaste* F8.

So pflegen Sie Ihre Verteilerlisten

Besprechen wir als letzte Verwaltungsfunktion das Anlegen, Ändern und Löschen von Verteilerlisten. Wozu Sie Verteilerlisten benötigen, liegt auf der Hand. Sie brauchen sie beim Versenden von Nachrichten, wenn Sie nicht jeden Empfänger einzeln ansprechen wollen, sondern wenn Sie einen definierbaren Kreis von Personen ansprechen möchten. Sie senden dann eine Nachricht an eine oder mehrere Verteilerlisten.

Arten von Verteilerlisten

Es gibt persönliche und allgemeine Verteilerlisten. Sie können eine allgemeine Verteilerliste in eine persönliche Verteilerliste einbinden und umgekehrt.

Das Vorgehen

Zunächst rufen Sie die entsprechende Verwaltungsfunktion von SAPOffice auf. Dann wählen Sie in der Anwendungsfunktionsleiste das Symbol Verteilerlisten. In einem Dialogfenster, das wir hier nicht zeigen, erteilen Sie der Verteilerliste einen aussagefähigen Namen. Anschließend pflegen Sie im Detailbild die SAP-Benutzer oder Mailbenutzer ein, die zum Verteiler gehören. Abbildung 15.8 zeigt ein passendes Beispiel.

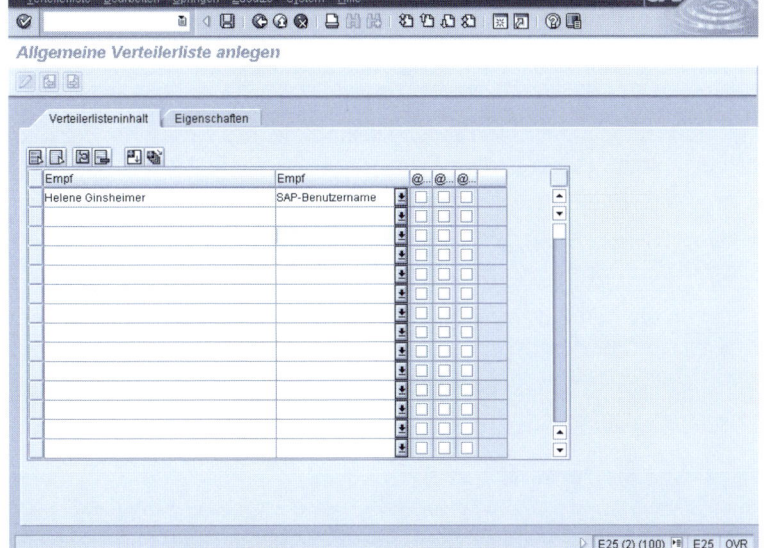

Abbildung 15.8
Verteilerliste pflegen –
Detailbild
© SAP AG

Checkliste

*Unsere Checkliste leitet Sie wieder schrittweise an. Beachten Sie,
dass es weitere Funktionen, beispielsweise das Zusammenhängen
mehrerer Verteilerlisten zu einer neuen Verteilerliste, gibt.*

▶ *Rufen Sie diese Funktion über den Menüpfad BÜRO / ARBEITS-
PLATZ / UMFELD/ VERTEILERLISTEN auf.*

▶ *Achten Sie auf die Anwendungsfunktionsleiste und wählen Sie
das Symbol für ANLEGEN VERTEILERLISTE ☐.*

▶ *Pflegen Sie jetzt Namen und Titel der Verteilerliste. Machen
Sie Angaben zur Art der Verteilerliste (persönlich, allgemein).*

▶ *Wechseln Sie in die Mappe Verteilerlisteninhalt.*

▶ *Pflegen Sie alle SAP-Benutzer, Mailbenutzer oder Verteilerlisten ein, die zu diesem Verteiler gehören sollen.*

▶ *Sichern Sie Ihre Eingaben mit dem Symbol 🖫 oder mit der
Funktionstasten ⌨Strg + ⌨S.*

15.4 Terminkalender

Wie Sie es aus Office-Anwendungen kennen, können Sie hier Ihren eigenen Terminkalender pflegen, aber auch die Terminkalender anderer
Kollegen. Über den Terminplaner führen Sie beispielsweise Terminab-

gleiche durch und Sie koordinieren die freien Termine Ihrer Teamkollegen oder Mitarbeiter.

So legen Sie den eigenen Terminkalender an

Wenn Sie das erste Mal die Funktion BÜRO / TERMINKALENDER / EIGENER aufrufen, müssen Sie Ihren persönlichen Kalender einrichten. Sie pflegen eine Reihe von Grundeinstellungen, die Sie jedoch jederzeit ändern oder erweitern können. Im Wesentlichen:

- Legen Sie die Anzeigeattribute fest. Also Länge des Tages (09.00 bis 18.00 Uhr) und die Zeitintervalle.

- Legen Sie den Einstieg in den persönlichen Kalender fest. Beispielsweise die Wochensicht.

- Legen Sie fest, ob der Fabrikkalender oder der Gregorianische Kalender angewandt wird.

So planen Sie Termine

Mit dem Terminplaner von SAPOffice können Sie einzelne und wiederkehrende Termine planen. Ausgangspunkt ist die grafische Übersicht Ihres Kalenders (die wir hier nicht zeigen). Verwenden Sie den Doppelklick auf dem Tag und der Uhrzeit, zu der Sie einen Termin einplanen wollen. Sie gelangen auf ein Detailbild, das so wie in Abbildung 15.9 aussehen sollte.

Termin beschreiben Pflegen Sie die Dauer des Termins und beschreiben Sie den Termin. In der Feldgruppe KLASSIFIZIERUNG legen Sie fest, wer alles etwas von diesem Termin erfahren darf. Beachten Sie bitte in Abbildung 15.9 die Drucktasten in der Fußzeile. Laden Sie die Teilnehmer zur Sitzung ein oder aktivieren Sie die Vertretungsfunktion.

Checkliste

Folgen Sie unserer Checkliste, wenn Sie einen einmaligen Termin pflegen wollen. Beachten Sie die Drucktasten in den Detailbildern, denn hier gibt es eine Reihe weiterer interessanter Funktionen.

▶ *Rufen Sie diese Funktion über den Menüpfad BÜRO / TERMINKALENDER / EIGENER auf.*

▶ *Klicken Sie in der Kalenderübersicht auf den Tag und die Uhrzeit, zu der Sie einen Einzeltermin einplanen wollen.*

▶ *Pflegen Sie das Dialogfenster und achten Sie auf die Drucktasten in der Fußzeile.*

▶ *Übernehmen und sichern Sie die Daten in den Kalender mit dem Symbol oder mit der Funktionstaste ⏎.*

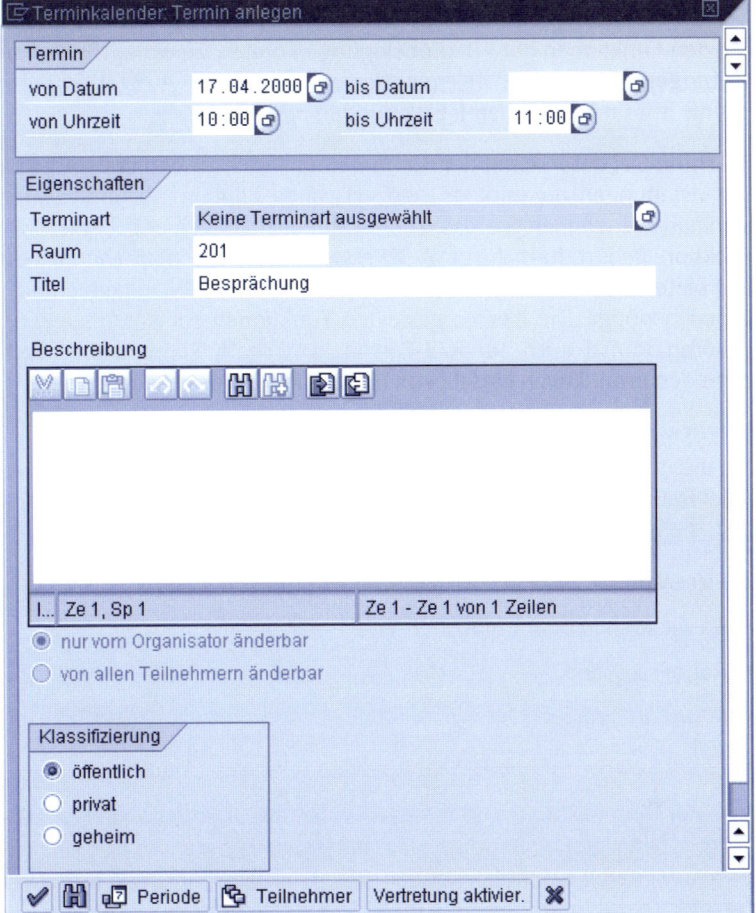

Abbildung 15.9
Terminkalender: Termin anlegen
© SAP AG

Sicher darf auch in Ihrer Firma nicht jeder in jeden Kalender schauen. **Berechtigungen** Besondere Berechtigungen sorgen in R/3 für den erforderlichen Schutz:

- Zunächst gilt im SAP-Standard eine generelle Anzeigeberechtigung für öffentliche Termine. Diese Berechtigung kann in einfacher Weise zurückgenommen werden. Die Koordination von Terminen und Terminabgleich werden hierdurch entsprechend erschwert.

- Durch differenzierte Berechtigungen für Vertreter kann die Einsicht in Kalender eingeschränkt werden.

15.5 Raumbelegung

Mit den Funktionen der »Raumbelegung« können Sie eintägige Veranstaltungen planen. Sie belegen Räume, legen die Ausstattung des Raums fest und organisieren Einladungen und Bewirtung.

Veranstaltungsmanagement
Beachten Sie, dass Sie mit der Bürofunktion »Raumbelegung« eintägige Veranstaltungen organisieren und verwalten können. Für mehrtägige Seminare verwenden Sie das Veranstaltungsmanagement. Diese R/3-Funktion gehört formal zur R/3-Personalwirtschaft (R/3-Modul HR) und bietet alles, was ein Seminarveranstalter für seine Managementaufgaben benötigt. Die hier vorgestellten Funktionen zur Raumbelegung gehören formal auch zur R/3-Personalwirtschaft, können aber auch ohne den produktiven Einsatz von HR von Ihnen verwendet werden.

So verwalten Sie Räume

Die disponierbaren Räume verwalten Sie in einem Raumbelegungsplan. Jeder Raum wird ausführlich beschrieben. Sie können so alle Informationen, die für das Buchen eines Raums wichtig sind, aus R/3 abfragen.

Verwaltungsfunktionen
Zur Verwaltung von Räumen gehören folgende Funktionen:

- Raum buchen oder umbuchen
- Raum tauschen
- Raum reservieren
- Raum kopieren (bei sich wiederholenden Veranstaltungen)

Beteiligte Personen
An einer Veranstaltung sind mindestens ein Betreuer und mehrere Teilnehmer beteiligt. Der Betreuer plant die Veranstaltung und lädt ein. Die einzuladenden Teilnehmer können SAP-Benutzer sein oder nicht, die Funktionen der Raumbelegung im SAPOffice erreicht sie auf jeden Fall.

So organisieren Sie die Versorgung

Für die Versorgung der Räume mit Speisen und Getränken ist mindestens eine »Versorgungseinrichtung« zuständig. Eine Versorgungseinrichtung wird mit Stammdaten genau beschrieben.

Bis auf die Tischnummer
Besondere Auswertungen stellen sicher, dass sie rechtzeitig über den Umfang der benötigten Bewirtung (Tag, Uhrzeit, Anzahl der Teilnehmer) informiert werden. Die Informationen können in R/3 bis auf die Nummern der zu versorgenden Tische genau verwaltet werden.

Kapitel 16

Abkürzungsverzeichnis

ABAP Advanced Business Application Programming

ALE Application Link Enabling

APO Advances Planner and Optimizer

ARIS-Toolset Software der IDS Scheer AG für die Modellierung von Geschäftsprozessen

ASAP Accelerated SAP

B2B Business-to-Business

BAPI Business Application Programming Interface

BOR Business Object Repository

BDC Batch-Data-Communication

BW Business Information Warehouse

BWA Bewegungsart (R/3-Module MM, FI-AA)

BUK Buchungskreis

CAD Computer Aided Design

CATT Computer Aided Test Tool

CBT Computer Based Training

CCP Communication Control Program

CIC Customer-Interaction-Center

CO R/3-Modul »Controlling«

CPI-C Common Programming Interface-Communication

CpD Conto-pro-Diverse (FI)

EAN Europäische Artikelnummer

EDI Electronic Data Interface

EarlyWatch Service Diagnoseservice für R/3-Systeme, angeboten von der SAP AG

EC R/3-Modul »Unternehmenscontrolling« (Enterprise Controlling)

FI R/3-Modul »Finanzwesen« (Financials)

FI-AA R/3-Modul »Anlagenbuchhaltung« (Asset Acounting)

FIFO-Bewertung Bewertungsverfahren in der Materialwirtschaft. First in, first out.

GSB Geschäftsbereich

GUI Grafical User Interface

HR R/3-Modul »Personalwirtschaft« (Human Resources)

ICC Inter Client Communication. Oberbegriff für die Kommunikation zwischen Frontend-Geräten.

IDES Internationales Demo- und Education-System der SAP AG.

IMG Implementation Guide

Idoc Intermediate Document

IM R/3-Modul »Investitionsmanagement« (Invest Management)

IS Industry Solution. Oberbegriff für die Branchenlösungen der SAP AG.

ISO International Organisation for Standardization

ITF-Code Interleaved Two of Five. Element der EAN-Verwaltung.

JIT Just-in-Time

IST Internet Transaction Server

LIFO-Bewertung Bewertungsverfahren in der Materialwirtschaft. Last in, first out.

LIS Logistik-Informationssystem

MM R/3-Modul »Materialwirtschaft« (Material Management)

MPX Datenformat, in dem Daten zwischen dem R/3-Projektsystem und Microsoft Project © ausgetauscht werden.

OIW Open Information Warehouse

OLAP Online Application Processing

OLTP Online Transaction Processing

OTF Output Text Format

PAI Process After Input

PBO Process Before Output

PDF Portable Document Format

PDM Produktdaten-Management

PLS Prozessleitsystem

PM R/3-Modul »Instandhaltung« (Plant Maintenance)

POH Process On Help Request

POV Process On Value Request

PP R/3-Modul »Produktion« (Production Planning)

PS R/3-Modul »Projektsystem« (Project System)

PSP-Element Projektstrukturplan-Element (R/3-Modul PS)

PVS Produkt-Varianten-Struktur (R/3-Modul PP)

Q&A-Datenbank Question and Answer-Datenbank. Bestandteil von ASAP.

QAPI Queue Application Programming Interface

QM R/3-Modul »Qualitätsmanagement« (Quality Management)

RFC Remote Function Call

SCADA Supervisory Control And Acquisition

SD R/3-Modul »Vertrieb« (Sales and Distribution)

TCP/IP Transmission Control Protocol / Internet Protocol

US GAAP Aus den USA vorgegebene Bilanzierungsvorschriften bzw. Grundsätze ordnungsgemäßer Buchführung

VFolder Virtual Folder (Drag and Drop)

WIP Work-in-Process

WORM Write only Memory

WRK Werk

XXL Extended Export of Lists

Stichwortverzeichnis

Stichwortverzeichnis

Stichwortverzeichnis